ALINE EVANGELISTA MARTINS,
CIBELE LOPRESTI COSTA &
PÉRICLES CAVALCANTI

O CANTO *das* MUSAS

Poemas para conhecer, ler, recitar e cantar

organização
ZÉLIA CAVALCANTI

1ª reimpressão

O selo jovem da Companhia das Letras

Copyright © 2011 by os autores
Copyright do CD © 2011 by Péricles Cavalcanti

Grafia atualizada segundo o Acordo Ortográfico da Língua Portuguesa de 1990, que entrou em vigor no Brasil em 2009.

Projeto gráfico: Claudia Furnari

Preparação: Beatriz Antunes

Revisão: Luciane Helena Gomide, Camila Saraiva e Adriana Cristina Bairrada

Dados Internacionais de Catalogação na Publicação (CIP)
(Câmara Brasileira do Livro, SP, Brasil)

Martins, Aline Evangelista
  O canto das musas : poemas para conhecer, ler, recitar e cantar / Aline Evangelista Martins, Cibele Lopresti Costa e Péricles Cavalcanti ; organização Zélia Cavalcanti. — 1ª ed. — São Paulo : Companhia das Letras, 2012.

  Inclui CD.
  Bibliografia.
  ISBN 978-85-359-2064-2

  1. Análise do discurso 2. Canções e música 3. Leitura 4. Linguagem 5. Literatura — Estudo e ensino 6. Poemas 7. Poesia — Crítica e interpretação 8. Poética 9. Português — Estudo e ensino 10. Sala de aula — Direção I. Costa, Cibele Lopresti. II. Cavalcanti, Péricles. III. Cavalcanti, Zélia. IV. Título.

12-02412   CDD-808.1014

Índice para catálogo sistemático:
1. Linguagem poética : Literatura 808.1014

[2015]
Todos os direitos desta edição reservados à
EDITORA SCHWARCZ S.A.
Rua Bandeira Paulista, 702, cj. 32
04532-002 — São Paulo — SP
Telefone (11) 3707-3500
Fax (11) 3707-3501
www.companhiadasletras.com.br
www.blogdacompanhia.com.br

A marca FSC é a garantia de que a madeira utilizada na fabricação do papel deste livro provém de florestas que foram gerenciadas de maneira ambientalmente correta, socialmente justa e economicamente viável, além de outras fontes de origem controlada.

*Em memória de Mariano de Moura Cavalcanti,
nosso pai, um sacerdote no culto à Língua Portuguesa.*

ZÉLIA E PÉRICLES

*Aos nossos pais, maridos e filhos,
por caminharem conosco nesta jornada.*

ALINE E CIBELE

SUMÁRIO

APRESENTAÇÃO, 6
O CANTO DAS MUSAS: poemas e análises, 9
    Introdução, 11
    As análises:
    "*Nasce o Sol e não dura mais que um dia*", Gregório de Matos, 14
    "*Eles verdes são*", Luís Vaz de Camões, 23
    "*Nel mezzo del camin...*", Olavo Bilac, 30
    "*I-Juca Pirama*", Gonçalves Dias, 40
    "*Tirana*", Castro Alves, 51
    "*Lídia*", Ricardo Reis, 60
    "*Ismália*", Alphonsus de Guimaraens, 69
    "*Sou um evadido*", Fernando Pessoa, 75
    "*A valsa*", Casimiro de Abreu, 84
    "*A ideia*", Augusto dos Anjos, 94
    "*Círculo vicioso*", Machado de Assis, 102
    "*Mais luz!*", Antero de Quental, 108

O CANTO DAS MUSAS: canções e récitas, 119
    Gênese das composições, 121
    Notas sobre as gravações, 124
    Poemas lidos no CD, 127

GLOSSÁRIO, 157
BIBLIOGRAFIA, 164
SOBRE OS AUTORES, 172
FICHA TÉCNICA DO CD, 173

APRESENTAÇÃO

Este é um livro para quem gosta de poesia* em todas as suas formas: escrita, falada, cantada. Criado por três leitores apaixonados pelo universo de conhecimento e encanto que só a leitura proporciona, *O canto das musas* reúne as vivências literárias e profissionais das professoras Aline Evangelista Martins e Cibele Lopresti Costa e do compositor Péricles Cavalcanti.

Ao discutir poesia, música e as relações que se estabelecem entre essas duas artes, os autores se viram às voltas com alguns dos poetas que marcaram suas experiências, tanto escolares como pessoais. Recuperaram lembranças de suas próprias fases de formação leitora, revisitaram poemas de autores clássicos e, como resultado, reafirmaram o caráter musical da língua portuguesa.

Do diálogo provocado pelo desejo de compartilhar formação pessoal e experiência profissional de cada um, nasceu este livro-disco, que entrelaça literatura clássica e cancioneiro popular, experiência em sala de aula e composição musical.

Para concretizar o projeto, os autores elegeram doze poemas segundo um critério que agradasse a todos. Cada poesia devia ter a capacidade de se tornar canção nas mãos do compositor e, ainda, nas mãos das professoras, mostrarem-se bons pontos de partida para leituras múltiplas.

Criadas as canções e realizadas as análises, o passo seguinte foi tornar possível a convivência das muitas formas de se aproximar de um poema e de apreciá-lo. Somaram-se assim ao conjunto de canções que integram o CD três faixas com declamações feitas por diferentes intérpretes. Escutar, declamar e sentir poderiam, dessa forma, ser incorporadas às ações do leitor-ouvinte.

Acreditando na importância da leitura literária na formação integral da pessoa, conhecendo o papel central da escola na formação de leitores e avaliando que um material deste tipo tem muito a contribuir com o trabalho dos docentes, buscou-se ao longo de todo o processo estabelecer um diálogo com professores de literatura e língua portuguesa. Nesse sentido, formulamos um conjunto de orientações e sequências de atividades para ações em sala de aula, que está disponível no site da editora, na seção Sala do Professor.

O canto das musas está alicerçado na crença de que a reflexão acerca de questões estilísticas, sobre que tipo de escolhas faz o músico e qual o tratamento dado ao texto na leitura em voz alta ou na canção é, antes de mais nada, reflexão sobre a língua, a linguagem, a arte e o patrimônio cultural a que todos precisam ter acesso. Esperamos que este livro ofereça as veredas nas quais leitor e texto poético possam se encontrar.

ZÉLIA CAVALCANTI

O CANTO DAS MUSAS:
poemas e análises

ALINE EVANGELISTA MARTINS
& CIBELE LOPRESTI COSTA

*Ali, pois, onde o texto e o leitor convergem,
esse é o lugar da obra literária.*

WOLFGANG ISER, *El acto de leer*

▸▸ INTRODUÇÃO

Diferentes leitores interpretam o mesmo texto de formas diferentes. A idade, as experiências de vida, os conhecimentos sobre a língua, o repertório de leituras são fatores, dentre outros, que, assim como as contingências emocionais e o contexto histórico, influenciam a análise e a construção de sentidos.

Longe de mostrar "a interpretação correta", o que nos moveu a formular as análises presentes neste livro foi o desejo de despertar no leitor a intimidade com o texto, fazê-lo sentir-se legitimado para construir suas próprias hipóteses e tirar suas conclusões pessoais.

No caso específico da poesia, a construção da intimidade com o texto literário implica ler, escutar, discutir e comentar. Intrigar-se, estudar e construir conhecimentos também ajudam a desfrutar cada vez mais intensamente da leitura. Conhecer o que outros mais experientes pensaram sobre os poemas é, também, um procedimento importante. Nesse sentido, a concretização da experiência de leitura configura-se de muitas formas — na leitura em voz alta, no ritmo da canção, no caminho escolhido para a análise, no diálogo entre texto e música —, levando o leitor a mergulhar em um processo de percepção da singularidade do poema.

Sabemos que o senso comum tem ideias fixas a respeito da poesia: ler seria identificar os aspectos formais, as rimas* e as estrofes presentes no texto e finalmente desvendar a intenção oculta do poeta. Tal leitura é automatizada e nega ao leitor a possibilidade de construir significados a partir do que o poema oferece.

Nossa concepção do que seja ler poesia é outra. Partimos do princípio de que cada texto e cada leitor são únicos, e portanto cada experiência leitora é inigualável. Por essa razão, desautomatizar alguns hábitos leitores é uma providência necessária.

No processo de desautomatização, pelo qual o leitor se autoriza a viver novas experiências estéticas, é preciso que diferentes aspectos observáveis em poemas sejam valorizados, destacados, analisados e interpretados. A tonicidade das palavras, o ritmo, a concretização do som na imagem do poema, as imagens sugeridas, as repetições, o silêncio, o não dito — enfim, tudo aquilo que a leitura automatizada despreza.

Foram esses os aspectos que decidimos tornar observáveis nas leituras que realizamos aqui. E foi para esse fim que agregamos a cada análise informações sobre a vida e a obra do autor e o contexto histórico ou período literário em que a obra foi escrita. Montamos também um glossário com termos específicos que concernem ao tema e ao conteúdo dos poemas; todas as palavras que constam do glossário estão destacadas com asterisco ao longo do livro.

Cada texto de análise segue um caminho apontado pelo próprio poema, um aspecto estilístico ou interpretativo que destacamos e amplificamos, ressaltando assim aquela singularidade.

O poema "Círculo vicioso", de Machado de Assis, sugeriu tanto uma leitura mais interpretativa quanto uma reflexão sobre identidade e alteridade. Já em "Ismália", de Alphonsus de Guimaraens, foi a articulação entre imagem e som que definiu o procedimento de leitura.

Em "Eles verdes são", de Luís Vaz de Camões, foi possível perceber a tradição poética da língua portuguesa nas referências às cantigas medievais. O termo "tradição" também se faz presente na análise de "Nel mezzo del camin...", de Olavo Bilac, mas com outro enfoque: o que se apresenta aqui é a afirmação da tradição formal do texto poético.

O rigor formal pode também ser encontrado nos sonetos* "A ideia", de Augusto dos Anjos, e "Mais luz!", de Antero de Quental. Entretanto, a temática dos textos diverge. No primeiro, destaca-se a possibilidade de refletir sobre o caráter metalinguístico da poesia. No segundo, joga-se luz sobre a relação entre a poesia e os temas da filosofia.

Gregório de Matos, com seu "Nasce o Sol e não dura mais que um dia", parece reforçar o caráter retórico de sua poética ao usar as figuras de construção e de sentido, o que favoreceu uma análise do discurso poético, ao passo que em "A valsa", de Casimiro de Abreu, foi possível perceber a musicalidade como o princípio construtor da representação de uma cena que esclarece o contexto histórico do autor.

A análise do fragmento de "I-Juca Pirama", de Gonçalves Dias, concentrou-se na observação do ritmo como elemento de representação das tensões entre o sujeito lírico e o meio social. Já em "Tirana", de Castro Alves, fomos despertados para outro aspecto: o caráter polissêmico* das palavras. Nesse poema fica claro por que um bom leitor de poesia precisa desconfiar do significado delas.

Por fim, a presença de Fernando Pessoa em "Sou um evadido" e "Lídia" amplia demasiadamente as possibilidades de leitura. No primeiro, parece haver uma sugestão no título; ao percorrer esse caminho, somos levados a refletir sobre heteronímia. No segundo, nos permitimos nos deixar levar por pensamentos sobre nossa experiência, nossa humanidade e a condição em que nos encontramos neste exato instante da existência.

É importante destacar que cada poema nos ofereceu uma porta de entrada diferente. Essa porta foi delineada conforme nosso repertório e a percepção que tivemos dos textos. Fica o convite para que os leitores conheçam os caminhos que percorremos e para que possam também encontrar outros acessos, maneiras novas de ler os poemas.

Nasce o Sol e não dura mais que um dia

GREGÓRIO DE MATOS

Moraliza o poeta nos ocidentes do Sol a inconstância dos bens do mundo.

Nasce o Sol, e não dura mais que um dia,
Depois da Luz se segue a noite escura,
Em tristes sombras morre a formosura,
Em contínuas tristezas a alegria.

Porém se acaba o Sol, por que nascia?
Se formosa a Luz é, por que não dura?
Como a beleza assim se transfigura?
Como o gosto da pena assim se fia?

Mas, no Sol, e na Luz, falte a firmeza,
Na formosura não se dê constância,
E na alegria sinta-se tristeza.

Começa o mundo enfim pela ignorância,
E tem qualquer dos bens por natureza
A firmeza somente na inconstância.

ANÁLISE ➡ Ao primeiro olhar, o poema de Gregório de Matos nos remete a um jogo de palavras e sentidos, o que pode parecer um problema para a compreensão. No verso inicial: "Nasce o Sol, e não dura mais que um dia", os conceitos de duração e tempo vinculados à percepção do eu lírico* nos fazem pensar sobre o que nós sabemos do assunto.

Entretanto, a maneira como o poeta articula a linguagem obscurece nossas certezas. Os termos que ora se repetem, ora trocam de posição, confundem a percepção do leitor sobre seu significado. Nesse jogo, há uma estrofe* constituída por versos interrogativos e outra, a última, que se assemelha a uma afirmação categórica. Afinal, perguntamos, que reflexões estão inscritas nesse vaivém de palavras?

Inicialmente, observemos a frase que apresenta o poema e antecipa o seu assunto: "Moraliza o poeta nos ocidentes do Sol a inconstância dos bens do mundo".

Uma voz, que não é a do poeta, nos avisa que ele "moraliza" a respeito da "inconstância dos bens do mundo", atribuindo ao texto um valor pedagógico. Assim, o que está antecipado na frase é que a voz poética ensina o leitor sobre o ponto de vista dela. E para fazer isso cria um estilo próprio, um encadeamento particular de ideias e imagens que embelezam o texto e encantam o leitor, ao mesmo tempo que tentam convencê-lo.

Agora adentremos os versos. Para começar, lembremos que se trata de um poema que segue o princípio clássico do soneto*, com dois quartetos* e dois tercetos*, e suas rimas obedecem ao esquema do ABBA:

» **Os poemas** de Gregório de Matos nunca foram publicados enquanto ele viveu, já que o autor contava com má aceitação na sociedade acadêmica de sua época. Somente em 1923 foi organizada por Afrânio Coutinho e publicada pela Academia Brasileira de Letras uma edição póstuma de suas poesias reunidas.

» **Este poema** pode ser também encontrado sob o título "À instabilidade das cousas do mundo".

PRIMEIRO QUARTETO	SEGUNDO QUARTETO
d**ia** (**A**)	nasc**ia**? (**A**)
esc**ura** (**B**)	d**ura**? (**B**)
formos**ura** (**B**)	transfig**ura**? (**B**)
alegr**ia** (**A**)	se f**ia**? (**A**)

Os versos decassílabos* intensificam o ritmo* do poema. Vejamos como se desenha a sonoridade dos dois primeiros versos:

*Na/sce o/ Sol,/ e/ não/ du/ra/ mais/ que um/ **di**/a,*
*De/pois/ da/ Luz/ se/ se/gue a/ noi/te es/**cu**/ra,*

Essa análise permite-nos constatar que há marcas constantes na composição. A voz lírica se expressa por meio de forma (pré)definida, com versos semelhantes e rimas combinadas. Esse plano de organização revela a existência de uma mensagem estética passível de análise.

Surge aí um desafio: primeiro, verificamos a repetição sonora ao longo dos versos, ou seja, a constância de um padrão. Em contraste com isso, o eu lírico defende o tema da inconstância como única certeza. Parece ser possível dizer que há uma ambiguidade entre o que ele faz para construir o poema e o assunto tratado ali.

» ***Gregório de Matos*** viveu sob a influência da estética barroca, um estilo que se notabilizou por representar principalmente os contrastes. Fruto da tensão entre as ideias medievais que ainda estavam em voga no final do século XVII e as novidades que o movimento renascentista começava a insuflar, o Barroco foi traduzido na literatura pelo uso de antíteses e paradoxos. São temas recorrentes a angústia do homem frente à efemeridade da vida e a morte. No Brasil, o mais destacado representante desse movimento foi Gregório de Matos. O conjunto de seus poemas líricos e satíricos revela, no entanto, que ele soube imprimir suas marcas pessoais ao que escreveu. Por isso é possível considerá-lo menos barroco e mais maneirista, ou seja, menos um estereótipo da sensibilidade típica do final do século XVII e mais dono de um estilo próprio de escrita, que ainda assim foi capaz de exprimir as questões literárias de seu tempo.

Afinal, o que defende a voz lírica aqui presente? O que o poema pretende nos ensinar ou do que pretende nos convencer? Por que ele usa uma forma rebuscada e indireta em sua argumentação? Para responder a essas questões, é necessário entender o que o poeta fez com a linguagem na construção do poema e também quais sentidos estão presentes no texto.

Observemos as palavras escolhidas para a composição. Os vocábulos "sol" e "luz", repetidos nas três primeiras estrofes, referem-se ao tema da passagem do tempo:

1ª ESTROFE
*Nasce o **Sol**, e não dura mais que um dia,*
*Depois da **Luz** se segue a noite escura,*
[...]

2ª ESTROFE
*Porém se acaba o **Sol**, por que nascia?*
*Se formosa a **Luz** é, por que não dura?*
[...]

3ª ESTROFE
*Mas, no **Sol**, e na **Luz**, falte a firmeza,*
[...]

Os versos destacados acima contrapõem o começo e o fim do tempo, materializando o jogo de sentidos. Na primeira estrofe, as palavras "dia" e "noite" sequenciam a mudança temporal. Na segunda, o poeta parece incomodado com o fato: se começa, por que acaba? Já na terceira, ele parece desqualificar a força do dia, no uso do termo "falte".

Ao longo do texto, a relação entre as palavras instiga os sentidos do leitor. Entre elas, estabelece-se um paralelismo* semântico* e sintático*. Há repetições, redundância de sentidos, inversões sintáticas e até ausência de termos. Isso tudo nos confunde e nos obriga a ler o poema várias vezes. A vida parece ser mesmo complexa! Vejamos como isso se concretiza no poema.

Do ponto de vista semântico, o jogo poético se faz por semelhança e oposição, criando sentidos diferentes, figuras na mente do leitor. Vejamos a seleção de palavras:

SEMELHANÇA	OPOSIÇÃO
sol – luz	nasce – morre
formosura – alegria	dia – noite
beleza – firmeza	tristezas – alegria
	constância – inconstância

As palavras que se agrupam por semelhança constroem uma figura de linguagem chamada metáfora*. Já as que estabelecem oposição são as antíteses*. Temos, assim, uma porta de entrada para a análise do poema: a presença das figuras de linguagem* que promovem imagens e sentidos múltiplos. Sigamos essa pista.

No verso "Em tristes sombras morre a formosura", há uma mudança na ordem sintática. Essa inversão* torna o texto mais atrativo na medida em que nos obriga a refletir sobre o seu sentido e relacioná-lo com os versos anterior e posterior a ele, confirmando assim a hipótese de que o poeta deseja tornar sensível na linguagem a confusão que é o estar no mundo. O recurso encontrado por ele é o obscurecimento da linguagem.

A observação atenta das construções frasais aponta outras ocorrências, relacionadas ao dito e ao não dito. O zeugma* elimina um termo citado anteriormente, mantendo-o na frase, mas subentendido. A primeira estrofe é um exemplo desses procedimentos:

Depois da Luz se segue a noite escura,	O sujeito foi deslocado. Em ordem direta, teríamos: A **noite escura** se segue depois da luz.
Em tristes sombras morre a formosura,	O sujeito foi deslocado. Em ordem direta, teríamos: A **formosura** morre em tristes sombras.
Em contínuas tristezas a alegria.	A palavra "morre" foi suprimida e o sujeito foi deslocado. A forma direta seria: A **alegria** morre em contínuas tristezas.

O princípio norteador das figuras de linguagem surgiu na Grécia Antiga. O filósofo *Platão* observou que havia singularidades no discurso que se fazia em público e que, para convencer o auditório de algo, era preciso elaborar a fala de um modo diferente daquele empregado em outras finalidades do discurso. A isso ele chamou de retórica. Outro filósofo, *Quintiliano*, descreve a retórica como a arte de falar bem. Já *Aristóteles* considera que a disciplina é a persuasão por meio da exposição de argumentos ou discursos.

» **Platão:** Atenas. 427-347 a.C.

» **Quintiliano:** Professor romano nascido na região que hoje se chama Espanha. 35-96 d.C.

» **Aristóteles:** Grécia. 384-322 a.C.

De um modo ou de outro, todos eles se referem à linguagem destinada ao convencimento do público por meio de estratégias particulares. Essas estratégias podem provocar o encantamento ou o estranhamento, conforme a intenção de quem fala, mas o importante é envolver o pensamento do receptor com um estilo único.

No poema de Gregório de Matos, as figuras de linguagem cumprem esse papel. Captam nossa atenção no emaranhado da escritura e, na tentativa de desvendá-las, ficamos presos a elas.

A presença das conjunções é outro recurso importante para a representação desejada pelo poema. É um bom exemplo de como se constrói essa rede que parece mais confundir do que revelar. O termo aditivo "e", no primeiro verso, tem seu sentido modificado para "mas". Vejamos o sentido literal dessas palavras:

E = adição de ideias, enumeração
MAS = contrariedade

Ao vincular as duas orações, no entanto, o "e" deixa de indicar enumeração e passa a estabelecer relação de contrariedade, tendo seu sentido modificado. Essa construção promove a leitura de que é lamentável que o Sol não dure mais que um dia:

Nasce o Sol, e não dura mais que um dia,

As duas estrofes seguintes começam também com conjunções adversativas, ou seja, palavras indicativas de contrariedade — "porém", "mas" —, o que reforça o sentido polêmico do assunto. O leitor é levado a reconhecer o tom persuasivo e acompanhar o discurso construído pelo argumentador.

Outro recurso usado para envolver o leitor está na segunda estrofe, em que se coloca uma sequência de versos interrogativos. As perguntas convocam a pensar sobre o caráter finito dos bens mundanos, parecem nos intimar a pensar com a mesma perplexidade do eu poético:

Porém se acaba o Sol, por que nascia?
Se formosa a Luz é, por que não dura?
Como a beleza assim se transfigura?
Como o gosto da pena assim se fia?

A insistência no tom interrogativo sugere a reflexão sobre a efemeridade do tempo e seu impacto sobre nós. Por que o sol nasce, se vai morrer? Por semelhança, por que nascemos, se a morte é certa?

E ainda: se a luz ilumina tudo e imprime nuances de belo nas coisas do mundo, por que então ela se vai? Como viver na inconstância dos bens e dos valores?

No último verso da mesma estrofe, há outro aspecto a ser observado: o caráter polissêmico das palavras. "Pena" pode significar tristeza, sofrimento, compaixão ou ainda bico de pena (caneta), trabalho do escritor. Quanto à palavra "fia", do verbo "fiar", estão sugeridos os verbos "confiar" ou "tramar". O poeta vincula intencionalmente as duas palavras a possíveis diferentes sentidos, deixando para o leitor reflexões sobre o que está além do poema:

> *Como o gosto da pena assim se fia?*

Fica sugerida uma questão filosófica pertinente para o sujeito poético, mas também para qualquer outro sujeito: como ser feliz no mundo em que tudo se acaba, na certeza da finitude? E também: como escrever sobre o belo se os bens do mundo tampouco são constantes, nem mesmo a beleza das coisas? Como ser artista e transformar a beleza passageira em eterna?

O soneto termina com um paradoxo* — "A firmeza somente na inconstância" — e leva o leitor a concordar com ele em que a única certeza possível é a de que tudo é inconstante, e essa consciência nos tira da total ignorância. Assim, o receptor é persuadido pelo discurso lírico:

> *Começa o mundo enfim pela ignorância,*
> *E tem qualquer dos bens por natureza*
> *A firmeza somente na inconstância.*

O poema se torna um diálogo possível e convincente, pois contém as marcas textuais da persuasão. Gregório de Matos elaborou um diagrama poético no qual se vale da multiplicidade de sentidos e da organização de palavras para nos tornar coautores de sua ideia. Suas perguntas estabelecem um pacto de leitura e persuadem o leitor a concordar com ele.

Ao entrarmos no jogo lírico criado pelo poeta, ajustamo-nos ao soneto e sobrepomos nossos sentidos aos ecos das palavras abertas a múltiplas ideias.

Gregório de Matos Guerra nasceu em Salvador, Bahia, em 1633 ou 36 — não se sabe ao certo —, e morreu em Recife, Pernambuco, em 1696. Aos catorze anos foi estudar em Lisboa, Portugal, onde se formou advogado. Lá começou a trabalhar junto à corte, mas desde sempre demonstrou aptidão para as sátiras, forma que o autor mais utilizou. Por zombar de políticos, religiosos e pessoas influentes na sociedade de sua época, foi chamado de Boca do Inferno. Em 1681, depois de colecionar inimizades, foi mandado de volta a Salvador, onde continuou a se portar como um crítico incansável. Indispondo-se com pessoas influentes, terminou exilado em Angola, onde também zombou dos poderosos. Para afastá-lo daqueles a quem ele podia incomodar, foi enviado de volta para Recife, onde morreu um ano depois. Gregório de Matos foi um dos primeiros a usar palavras de origem indígena e africana em suas produções, por isso o estudo de sua obra colabora para a reflexão sobre o momento inaugural da literatura brasileira.

Eles verdes são

LUÍS VAZ DE CAMÕES

Cantiga
a este moto alheio:
Menina dos olhos verdes,
por que me não vedes?

Voltas
Eles verdes são,
e têm por usança
na cor, esperança
e nas obras, não.
Vossa condição
não é d'olhos verdes,
porque me não vedes.

Isenção a molhos
que eles dizem terdes,
não são d'olhos verdes,
nem de verdes olhos.
Sirvo de giolhos,
e vós não me credes
porque me não vedes.

Haviam de ser,
porque possa vê-los,
que uns olhos tão belos
não se hão-de esconder;
mas fazeis-me crer
que já não são verdes,
porque me não vedes.

Verdes não o são
no que alcanço deles;
verdes são aqueles
que esperança dão.
Se na condição
está serem verdes,
por que me não vedes?

» **Vilancete:** composição que começa com uma estrofe curta, chamada de moto (ou mote, motivo), o qual é desenvolvido nas voltas, as estrofes do poema. Um dos versos do mote é repetido em todas as estrofes.

» **Na obra** *Introdução à Poesia de Luís de Camões*, Maria Vitalina Leal de Matos esclarece que há, na lírica de Camões, uma tensão entre duas concepções diferentes de amor. Em alguns poemas, está retratado o amor sem limitações nem culpa, vivido em sua plenitude e com inocência. A mulher, mesmo quando é desejada e corresponde ao desejo, provoca no amante uma paixão deslumbrada, em que todos os sentidos estão despertos. Há, porém, poemas em que apenas a visão é estimulada. A atitude do amante é de contemplação humilde, e a mulher se converte em sujeito da fuga e do não. Nesses casos, o amor é irrealizável e impossível.

ANÁLISE Nas origens da literatura em língua portuguesa, música e poesia já estiveram muito próximas. As leituras de poemas eram acompanhadas por instrumentos musicais, dentre eles a lira — o que deu origem ao termo *lírica**, estilo de poesia cujo surgimento é associado à produção dos trovadores medievais, artistas que compunham versos, cantavam e tocavam. Neste *vilancete*, Camões recupera a tradição medieval e, a partir do mote de uma cantiga, produz versos repletos de musicalidade.

A leitura em voz alta favorece a percepção de um ritmo muito bem marcado, que traduz a dor do amante que vê sem ser visto. Se os olhos são o espelho da alma, na captura do olhar do ser amado reside a esperança de obter reconhecimento. Sem o encontro dos olhares, fica extinta a possibilidade de *viver o amor*. A queixa expressa no poema explora uma ironia dolorosa: a desilusão vem dos olhos que deveriam inspirar esperança, já que são verdes ("verdes são aqueles que esperança dão").

O sofrimento amoroso é cantado pelo sujeito poético que, falando dos olhos da amada, fala dela; e falando do verde, fala do comportamento esquivo da mulher, que destrói assim a esperança do encontro amoroso. O poema é tecido a partir dessas relações de contiguidade*. Nesse contexto, o adjetivo "verdes", repetido oito vezes, ganha especial destaque e se configura como um elemento central para a análise da musicalidade no texto.

A palavra "verdes" está presente em versos que ora caracterizam os olhos da mulher amada ("Eles verdes são"), ora negam neles a presença dos atributos que a cor sugere: "Verdes não o são/ no que alcanço deles;/ verdes são aqueles/ que esperanças dão".

Os muitos significados de "verdes" são explorados também por meio da ordem dos termos na oração. Anteposto ao verbo, o adjetivo aponta para um significado; posposto, sugere outro.

> *Isenção a molhos*
> *que eles dizem terdes,*
> *não são d'**olhos verdes**,*
> *nem de **verdes olhos**.*

A mulher amada tem "isenção a molhos", ou seja, é isenta de interesse pelas coisas do amor, não se comove, não se emociona. Na interpretação do eu lírico, isso não é próprio de "olhos verdes" nem de "verdes olhos". A presença da palavra "nem" deixa claro que o adjetivo foi empregado com duas finalidades diferentes. No verso "não são d'olhos verdes", escrito em ordem direta*, o sentido próprio da palavra está sugerido — neste caso, a cor verde. Em "nem de verdes olhos", em que se emprega a ordem inversa*, é o uso conotativo* do adjetivo que surge: "verdes olhos" seriam os olhos que transmitem esperança.

Esperança esta que é negada ao amante. O amor é para ele irrealizável, impossível. Resta-lhe cantar sua dor. E é precisamente na palavra que resume os atributos dos olhos que o fazem sofrer — "verdes" — que ele encontra inspiração para imprimir ritmo aos versos. O adjetivo está presente no mote que dá origem à cantiga ("Menina dos olhos **verdes**,/ por que me não **vedes**?"), e o jogo sonoro ali explicitado se amplia ao longo das voltas, com a entrada de novos termos de sonoridades parecidas:

V**erdes** – t**erdes**
Vedes – **credes**

Essas quatro palavras são intensamente exploradas. No quadro abaixo podemos visualizar como elas se alternam na composição das rimas dos versos finais de todas as estrofes, bem como no final do segundo e do terceiro versos da segunda estrofe:

1ª ESTROFE	verdes – verdes – vedes
2ª ESTROFE	credes – vedes
3ª ESTROFE	verdes – vedes
4ª ESTROFE	verdes – vedes
2º E 3º VERSOS DA 2ª ESTROFE	terdes – verdes

Nesse grupo de palavras, podemos observar muitas regularidades: todas são compostas por duas sílabas formadas pela vogal E; em todas, a sílaba tônica* é a penúltima. Tantas coincidências no plano sonoro conferem um tom melodioso aos versos.

» **Os versos** formados por cinco sílabas poéticas são chamados de redondilhas menores. A contagem de sílabas poéticas termina na última sílaba tônica da palavra. Assim, no verso "por que me não vedes", por exemplo, contamos cinco sílabas:

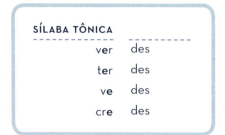

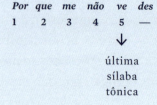

Há regularidade também na alternância de sons fortes e fracos ao longo dos versos, todos formados por cinco sílabas poéticas*, duas das quais pronunciadas com mais intensidade:

1ª SÍLABA POÉTICA	2ª SÍLABA POÉTICA	3ª SÍLABA POÉTICA	4ª SÍLABA POÉTICA	ÚLTIMA SÍLABA TÔNICA	
E	les	**ver**	des	**são**	
e	**têm**	por	u	**san**	ça
na	**cor**	es	pe	**ran**	ça
e	nas	**o**	bras	**não**	
Vos	sa	con	di	**ção**	
não	**é**	d'o	lhos	**ver**	des
por	**que**	me	não	**ve**	des

    Essa intensidade na pronúncia da sílaba recebe o nome de acento prosódico*. Observamos no poema que o segundo acento recai sempre sobre a última sílaba poética. O primeiro, por sua vez, pode recair sobre a primeira ("**Vos**/sa/con/di/**ção**"), sobre a segunda ("e/ **têm**/ por/ u/ **san**/ça") ou sobre a terceira ("e/ nas/ **o**/bras,/ **não**").

    A regularidade na quantidade de acentos dá simetria ao poema, dotando-o de um caráter musical, típico das cantigas medievais. Desenha-se, assim, um ritmo melancólico para exprimir a dor de quem vê sem ser visto, ama sem ser amado.

    O esforço e a dificuldade do eu lírico se materializam, no plano sonoro, por meio da insistente repetição da consoante V. É interessante observar esse fenômeno:

> 1ª ESTROFE — **v**erdes, **v**ossa, **v**erdes, **v**edes;
> 2ª ESTROFE — **v**erdes, **v**erdes, sir**v**o, **v**ós, **v**edes;
> 3ª ESTROFE — ha**v**iam, **v**ê-los, **v**erdes, **v**edes;
> 4ª ESTROFE — **v**erdes, **v**erdes, **v**erdes, **v**edes.

    O mesmo fonema repetido com tanta frequência tem alto impacto na estrutura sonora do poema, tornando-o mais musical. Além disso, as particularidades da consoante V acentuam a expressão do esforço do eu lírico em se fazer notar sem conseguir. Isso ocorre porque o modo de articulação do fonema requer um esforço particular. V é uma consoante formada pela constrição do ar entre o lábio inferior e os dentes incisivos superiores. Para que seja pronunciada, o ar tem de passar por uma estreita fenda formada no meio da cavidade bucal.

Sendo assim, a concretização do som do V implica a superação de obstáculos mais marcantes do que os superados para a pronúncia da maioria dos outros fonemas. Essas propriedades, associadas a outros elementos — como o reconhecimento do sentimento não correspondido, "Vossa condição não é d'olhos verdes,/ porque me não vedes", e a subserviência do eu lírico, "Sirvo de giolhos", que significa "sirvo de joelhos" — compõem o quadro de amor contemplativo caracterizado por sofrimento e insatisfação.

> » *A articulação* das vogais se dá com a passagem livre do ar pela cavidade bucal. A das consoantes, ao contrário, é marcada pela presença de um obstáculo em alguma parte da boca. No caso da consoante V, o obstáculo é um estreitamento da via bucal, que dificulta a passagem do ar. Essa passagem difícil, no contexto do poema, remete à dificuldade do eu lírico, que tenta a todo custo superar o obstáculo do desprezo da amada.

Desprezado por olhos que não o veem, perplexo diante de um verde que traz desesperança, o amante percebe que o amor não correspondido é um paradoxo*. Intenso, triste, e ainda assim matéria do fazer poético-musical de autores de diferentes épocas, desde os trovadores medievais, que inspiraram a lírica de Camões, até os compositores do nosso tempo.

Luís Vaz de Camões nasceu, ao que se sabe, em 1524 ou 1525, provavelmente na cidade de Lisboa, Portugal. A imprecisão das informações sobre suas origens se deve ao fato de haver poucos registros biográficos sobre ele. Consta que era escudeiro, posto militar humilde e mal-afamado. Por conta das atribuições de sua carreira, viveu momentos de desterro e de miséria. Ainda assim, conseguiu publicar, em vida, sua obra mais famosa, *Os lusíadas*. A maior parte de seus poemas líricos foi publicada postumamente. Somente em 1595 os poemas coletados em diversos cancioneiros foram reunidos no volume *Rimas*. Sua poética abrange uma vasta produção lírica, escrita tanto nas formas tradicionais, de estilo medieval (redondilhas, conhecidas como "a medida velha"), como nas composições em estilo italiano (os decassílabos, ou "a medida nova"). Além da lírica e do épico *Os lusíadas*, Camões escreveu também algumas peças de teatro (*Os anfitriões*, *El-rei Seleuco* e *Filodemo*). Morreu em 1580, em Lisboa.

. . . .

Nel mezzo del camin...

OLAVO BILAC

Cheguei. Chegaste. Vinhas fatigada
E triste, e triste e fatigado eu vinha.
Tinhas a alma de sonhos povoada,
E alma de sonhos povoada eu tinha...

E paramos de súbito na estrada
Da vida: longos anos, presa à minha
A tua mão, a vista deslumbrada
Tive da luz que teu olhar continha.

Hoje, segues de novo... Na partida
Nem o pranto os teus olhos umedece,
Nem te comove a dor da despedida.

E eu, solitário, volto a face, e tremo,
Vendo o teu vulto que desaparece
Na extrema curva do caminho extremo.

ANÁLISE Para ler um soneto como "Nel mezzo del camin..." é preciso estar alerta. Olavo Bilac é conhecido pelo uso de formas rígidas e pela formalidade com que trata seus temas. A leitura de seus versos revela os princípios literários que norteiam sua produção. O poeta faz parte de uma geração de autores que trabalham cuidadosamente as regras de composição do poema, como o ourives faz com o ouro ao produzir uma *joia*. Ele se desdobra na lida com a linguagem até encontrar a forma adequada de transmitir sua mensagem poética, o que muitas vezes resulta em uma busca pela melhor *fôrma* para expressar sua ideia.

Por isso, é preciso que o leitor mantenha-se atento e exigente no decorrer da leitura. Certamente cada estrofe revelará um projeto poético bem calculado, com combinações precisas de palavras e imagens que configuram mensagens. Ao longo da fruição do texto, impõe-se a curiosidade própria do leitor de poesia, que o faz se perguntar: "Do que trata o poema?", "O que o poeta fez com a linguagem?", "Como a linguagem materializa o que o poeta quer dizer?".

Num primeiro contato com o poema, somos levados a crer que o tema é o movimento de encontro e desencontro que se realiza por meio de jogos de palavras. A impressão é de que o poeta desejou dramatizar poeticamente o ir e vir dos amantes. Sigamos essas pistas.

Comecemos pelo título: por que Bilac fez uso de outra língua para apresentar seu poema? No título, é o verso inicial de *A divina comédia* que

» ***No poema*** "Profissão de fé", Olavo Bilac revela seu *modus operandi*, ou seja, a maneira como faz poesia. O seu modelo de perfeição é também um indicativo de como pensou o poema "Nel mezzo del camin...":

[...]
Torce, aprimora, alteia, lima
A frase; e, enfim,
No verso de ouro engasta a rima,
Como um rubim

Quero que a estrofe cristalina,
Dobrada ao jeito
Do ourives, saia da oficina
Sem um defeito:
[...]

transparece, revelando a intertextualidade* da obra de Bilac. Dante abre seu poema épico com o verso: "*Nel mezzo del camin di nostra vita*", anunciando o relato poético daquele que foi surpreendido por acontecimentos tortuosos e infelizes. Mas nem só referências passadas estão presentes na leitura do texto. O leitor contemporâneo também poderá notar que essa mesma ideia está expressa nos famosos versos do poeta brasileiro do século XX, Carlos Drummond de Andrade: "No meio do caminho tinha uma pedra/ tinha uma pedra no meio do caminho". Tem-se assim uma ampliação de possibilidades de leitura que contribui para o enriquecimento da experiência estética de "Nel mezzo del camin...".

Partindo da relação entre os três textos literários citados — o poema de Bilac, a obra de Dante e os versos de Drummond —, encontramos uma pista. Uma vez que todos fazem referência a impedimentos, cabe ao leitor perguntar a qual obstáculo em particular se refere o poema de Bilac.

Comecemos pelo início do primeiro verso, sem nos esquecer do respeito que o poeta nutria pela tradição e pelo aspecto formal dos poemas clássicos:

Cheguei. Chegaste. [...]

A primeira estrofe apresenta pelo menos três aspectos interessantes: a relação de proximidade entre "eu" e "tu"; o tempo passado em que ocorreu a aproximação dos amantes; e o uso do ponto final, imprimindo brevidade à mensagem. Na associação dessas marcas facilmente observáveis é que se inicia nossa reflexão. Constatamos que duas individualidades se encontram em algum momento do passado, mas não sabemos onde nem por quê.

Em seguida, pode-se crer que o encontro foi transformador para ambos: a disposição das palavras nos versos "[...] Vinhas fatigada/ E triste, e triste e fatigado eu vinha" sugere a identificação dos amantes, o espelhamento, pois apresenta simetricamente a fadiga e a tristeza de um e a tristeza e o cansaço de outro.

Cheguei.   Chegaste.   Vinhas fatigada

E triste,   e triste   e fatigado eu vinha.

    Na composição da primeira estrofe, um reflete o outro. Os dois amantes se identificam, e nós leitores criamos a expectativa de que o amor surgirá. No espelhamento dos dois primeiros versos, as individualidades parecem diluídas uma na outra, e a imagem dos amantes se confunde. O poeta registra o encontro deles e traduz isso em um encontro de versos.

    O poema segue intensificando a identificação, mas abandona o recurso do espelhamento. Os dois últimos versos da estrofe apresentam a ordem inversa na construção da mensagem, um embaralhamento de ideias:

   1   2   4   3
Tinhas   a alma   de sonhos   povoada,   (Tinhas a alma povoada de sonhos)

E   alma   de sonhos   povoada   eu tinha...   (E eu tinha alma povoada de sonhos)
1   3   5   4   2

    Assim, percebe-se que a figura de linguagem inversão* colabora com a significação do poema. O que antes era espelhamento, agora é confusão. Como essa percepção colabora para a compreensão do poema?

    O encontro entre os amantes aconteceu nos dois primeiros versos e agora o que ocorre é o reconhecimento de que um é tocado pela presença do outro, de que os sonhos de um povoam os sonhos do outro. Os dois amantes parecem perturbados. Para concretizar essa perturbação, o eu lírico se expressa também de forma confusa e o encontro torna-se mais poético. A estrofe termina com reticências, sinal gráfico que representa uma mensagem inconclusa, sugerindo que algo é sabido, mas não dito. O que está implícito nesse tipo de pontuação marca o estado emocional do emissor diante do encontro surpreendente.

> **Para a contagem** das sílabas poéticas, é preciso que se considere a união sonora entre as palavras. Por isso, "triste" e "e" ficam unidas, ou seja, sua pronúncia se dá em uma única emissão sonora. Esse fenômeno chama-se "elisão". Além disso, contam-se as sílabas poéticas somente até a última sílaba mais forte, a sílaba tônica.

O espelhamento das palavras aponta ainda para outro recurso poético. Os dois primeiros versos do poema têm o mesmo tamanho, a mesma medida* sonora, chamando a atenção do leitor para a composição das sílabas poéticas. E se o poeta quis tornar os versos similares, precisou fazer esse ajuste. Podemos então nos perguntar: como a sonoridade colabora para tornar claro o espelhamento dos amantes?

O ritmo da estrofe é determinado pela contagem das sílabas poéticas. Aqui, todos os versos contêm dez sílabas poéticas, evidenciando a escolha pelo verso decassílabo. A partir dessa constatação, confirma-se a ideia de que o poeta segue as regras da poesia clássica.

Che → guei. → Che → gas → te. → Vi → nhas → fa → ti → **ga** → da
E → tris → te, e → tris → te e → fa → ti → ga → do eu → **vi** → nha.

Ainda quanto à sonoridade da mesma estrofe, é preciso verificar a expressividade que a pontuação confere à leitura. Surgem o ponto final, a vírgula e as reticências. Há musicalidade, e o leitor é obrigado a introduzir cadência em sua performance oral.

Observemos a presença dos amantes sob outro aspecto. A palavra "triste" caracteriza dois sujeitos diferentes. Ela se repete e fica lado a lado no segundo verso, criando analogia entre os estados de alma, ou seja, as tristezas se esbarram, se juntam, o que reforça a união entre eles:

Cheguei. Chegaste. Vinhas fatigada
E **triste**, e **triste** e fatigado eu vinha.
Tinhas a alma de sonhos povoada,
E alma de sonhos povoada eu tinha...

A segunda estrofe une os dois amantes no verbo "paramos", que deixa oculto o pronome "nós", o que materializa, no plano da linguagem, o encontro amoroso. A informação de que os dois — um e outro em comunhão — vivem uma mudança no rumo de vida está dada no primeiro verso. A vida, que tinha uma trajetória previsível, teve seu curso alterado pela presença do outro:

> *E paramos de súbito na estrada*
> *Da vida:*

E a estrofe segue com o relato da plenitude do amor. O encadeamento sintático sugere tal plenitude. A ligação entre os dois versos se faz por meio de encavalgamento* ou *enjambement*, já que a primeira ideia começa em um verso e só termina no seguinte. Esse recurso pode sugerir que há concretamente a união entre os amantes:

> *[...] longos anos, presa à minha*
> *A tua mão, a vista deslumbrada*
> *Tive da luz que teu olhar continha.*

Nos dois últimos versos a escolha das palavras favorece o eco do encontro na repetição de sons vocálicos, a chamada assonância*.

> ***A** tu**a** mão, **a** vist**a** deslumbr**ada***
> *Tive **da** luz que teu olh**ar** continh**a**.*

A coincidência sonora sugere uma voz única para os amantes e confere musicalidade aos versos, o que também está a serviço da criação de significados, pois reforça o encontro entre o eu lírico e a pessoa amada.

No plano da linguagem, ainda, essa união está concretizada em "tinha" dentro de "con**tinha**". Ou seja, há a retomada da última palavra da primeira estrofe na grafia da última palavra da segunda, revelando a presença unificante de um no outro.

O terceto seguinte abandona o tom de lembrança do passado e traz a leitura para o presente, sugerindo o fim do romance:

> *Hoje, segues de novo... Na partida*
> *Nem o pranto os teus olhos umedece,*
> *Nem te comove a dor da despedida.*

Há que se destacar a representação da ruptura por meio da pontuação. Não há mais comunhão entre os amantes. Deu-se a separação. Podemos entender que então se configurou o obstáculo, a "pedra no meio do caminho". E exatamente no meio do poema as reticências interrompem o ritmo, a leitura do texto, e mostram que houve uma quebra.

Retorna então ao poema o pronome "tu", apontando que houve a separação do casal. Volta cada um a sua singularidade, o eu volta a ser distinto do tu. E, ainda, a *repetição* do vocábulo "nem" reforça a sugestão de ausência do amor. Não há mais nada entre eles.

> » *A repetição sucessiva* de palavras no início dos versos é uma figura de linguagem chamada anáfora*.

O quarto verso é o desfecho do soneto, a chave de ouro* sugerida pelos poetas clássicos. Primeiro, acontece a intensificação do uso da consoante T, cujo som provoca mais impacto:

> *E eu, solitário, volto a face, e tremo,*
> *Vendo o **teu** vulto que desaparece*
> *Na extrema curva do caminho extremo.*

Ao ler em voz alta, o leitor concretiza o choque na explosão sonora do ar contido entre a língua e o dente. A consoante T pode ser a trava, a ruptura fonética que materializa a separação dos amantes. Em seu *Tratado de versificação*, Bilac explica a intencionalidade poética do uso desses fonemas, dizendo que as letras D e T representam "pancadas secas, tiros, tropeços, estalidos", são representações "enérgicas". É a materialização do obstáculo, pois a língua deve travar a saída do ar antes de permitir que o som saia.

A estrutura sintática do primeiro verso da última estrofe volta a insistir no uso da vírgula como indício de ruptura. Esse recurso, somado à presença do verbo em primeira pessoa — "volto" — e à palavra "solitário", consolida no campo da linguagem a separação dos amantes:

> *E eu, solitário, volto a face, e tremo,*

Os dois últimos versos condensam* a experiência de encontro e separação:

> *Vendo o teu vulto que desaparece*
> *Na extrema curva do caminho extremo.*

No fim do poema, o fim do amor. O choque provocado pelo último verso está na força, no efeito sonoro, na repetição das palavras e no fechamento da ideia:

> *Na extrema curva do caminho extremo.*

Na repetição da palavra "extremo", o olhar do leitor faz o movimento de ir e vir e uma curva de volta ao começo do verso, concretizando a experiência estética. O fim do amor pode ser a extrema curva do caminho extremo. Bilac diz, em outras palavras, o que Dante e Drummond também anunciam: que no curso da vida há obstáculos em forma de acontecimentos que nos arrastam para o inesperado.

A rigidez formal do texto revela-se, assim, uma importante pista para a leitura do poema. Em "Nel mezzo del camin..." o leitor se dá conta de que o culto à forma, antes de empobrecer a produção de Bilac, deu a ele uma tal consciência da linguagem que o tornou um verdadeiro artesão da arte poética.

Olavo Bilac nasceu na cidade do Rio de Janeiro em 1865, durante a Guerra do Paraguai. Só aos quatro anos de idade conheceu seu pai, um homem austero que procurou educar o filho segundo a disciplina e as regras de um ex-combatente. Olavo, entretanto, não correspondia exatamente ao modelo esperado: questionava as escolhas feitas à sua revelia, não gostava do trato recebido na escola religiosa, não concordou com a opção profissional feita em seu nome pelo pai e apresentava talento para a literatura.

> » *O Parnasianismo* surge na segunda metade do século XIX. É uma escola literária posterior ao Romantismo* e cultua as formas fixas, a rigidez formal e a volta às formas clássicas, os versos, as estrofes, as rimas, a metrificação, e assim por diante.
>
> » O site da Academia Brasileira de Letras traz dados biográficos e bibliográficos do ocupante da cadeira 15. Apresenta, ainda, textos originais do poeta. <www.academia.org.br>

Era amigo de Arthur de Oliveira, que foi o responsável por trazer da França a novidade do Parnasianismo*, e também de Alberto de Oliveira e Raimundo Correia, que vieram a se tornar dois dos mais importantes poetas parnasianos do Brasil. Bilac se identificou imediatamente com os preceitos ditados pela nova corrente literária. Outro acontecimento importante desse período se refere à vida sentimental do escritor. Apaixonado por Amélia, irmã de Alberto de Oliveira, Bilac era correspondido e trocava com ela juras de amor. Entretanto, devido a atribulações de sua vida social e financeira, não obteve da família a permissão para casar-se com a jovem. Ele jamais se esqueceu da amada, e com frequência relatava sua angústia aos amigos. Nunca mais se relacionou seriamente com outra mulher.

Escreveu diversas obras literárias e também o *Tratado de versificação*, em que esclarece as regras da poesia clássica. Em 1888, passou a morar com o amigo Coelho Neto, que, também escritor, não contava com muitas economias. Coelho Neto visitou jornais e revistas cariocas com o intuito de vender os textos produzidos por ele e Bilac. Ao chegar a uma revista literária, foi bem recebido, mas o editor informou-o de que não fazia pagamento por textos literários. A contra-argumentação do colega de Bilac foi tão brilhante, que não só ele conseguiu a publicação de "Nel mezzo del camin...", como, pela primeira vez na literatura brasileira, conseguiu que um poeta recebesse pagamento pela publicação de um poema. Morreu em 1918, na cidade do Rio de Janeiro. Em vida, publicou crônicas, novelas e até mesmo um livro infantil, mas destacou-se mesmo como poeta. Tornou-se um dos melhores de sua época. Foi atuante na Academia Brasileira de Letras e escreveu a letra do Hino à Bandeira Nacional.

I-Juca Pirama

GONÇALVES DIAS

> » **O poema** original, com dez cantos, pode ser lido na íntegra nas pp. 139-55. A presente análise parte do canto IV e passa por aspectos presentes em outros cantos.

Canto IV

Meu canto de morte,
Guerreiros, ouvi:
Sou filho das selvas,
Nas selvas cresci;
Guerreiros, descendo
Da tribo tupi.

Da tribo pujante,
Que agora anda errante
Por fado inconstante,
Guerreiros, nasci;
Sou bravo, sou forte,
Sou filho do Norte;
Meu canto de morte,
Guerreiros, ouvi.

Já vi cruas brigas,
De tribos imigas,
E as duras fadigas
Da guerra provei;
Nas ondas mendaces
Senti pelas faces
Os silvos fugaces
Dos ventos que amei.

Andei longes terras,
Lidei cruas guerras,
Vaguei pelas serras
Dos vis Aimoréis;
Vi lutas de bravos,
Vi fortes — escravos!
De estranhos ignavos
Calcados aos pés.

E os campos talados,
E os arcos quebrados,
E os piagas coitados
Já sem maracás;
E os meigos cantores,
Servindo a senhores,
Que vinham traidores,
Com mostras de paz.

Aos golpes do imigo,
Meu último amigo,
Sem lar, sem abrigo
Caiu junto a mi!
Com plácido rosto,
Sereno e composto,
O acerbo desgosto
Comigo sofri.

Meu pai a meu lado
Já cego e quebrado,
De penas ralado,
Firmava-se em mi:
Nós ambos, mesquinhos,
Por ínvios caminhos,
Cobertos d'espinhos
Chegamos aqui!

O velho no entanto
Sofrendo já tanto
De fome e quebranto,
Só qu'ria morrer!
Não mais me contenho,
Nas matas me embrenho,
Das frechas que tenho
Me quero valer.

Então, forasteiro,
Caí prisioneiro
De um troço guerreiro
Com que me encontrei:
O cru dessossego
Do pai fraco e cego,
Enquanto não chego
Qual seja, — dizei!

Eu era o seu guia
Na noite sombria,
A só alegria
Que Deus lhe deixou:
Em mim se apoiava,
Em mim se firmava,
Em mim descansava,
Que filho lhe sou.

Ao velho coitado
De penas ralado,
Já cego e quebrado,
Que resta? — Morrer.
Enquanto descreve
O giro tão breve
Da vida que teve,
Deixai-me viver!

Não vil, não ignavo,
Mas forte, mas bravo,
Serei vosso escravo:
Aqui virei ter.
Guerreiros, não coro
Do pranto que choro:
Se a vida deploro,
Também sei morrer.

ANÁLISE A expressão "I-Juca Pirama", que dá título ao poema de Gonçalves Dias, vem do tupi e pode significar tanto "o que há de ser morto" como "o que é digno de ser morto". Em forma de cantos, ou seja, de conjuntos de estrofes, é narrada a história heroica de um jovem tupi. No canto IV, ele está prestes a ser sacrificado em um ritual canibalístico por índios timbira. Comer a carne de outrem significava, segundo as tradições indígenas, apropriar-se de seus atributos. Dessa forma, apenas poderia ser servido em sacrifício o guerreiro *digno de ser morto*, ou, em um contexto de recorrentes lutas tribais, aquele que mostrasse ser bravo, forte, heroico.

Na passagem citada, o jovem ressalta virtudes que possui, especialmente a coragem, caracterizando-se como um guerreiro valente. Entretanto, subvertendo o que se poderia esperar de um herói, ele não encara com bravura o sacrifício a que seria submetido. Ao contrário, chora e pede que lhe seja poupada a vida. Essa aparente contradição, que salta aos olhos no canto IV, apenas poderá ser desfeita quando examinarmos o poema em sua totalidade.

O texto começa com a descrição dos preparativos de uma tribo timbira para a cerimônia de sacrifício de um jovem tupi, cuja aflição é anunciada nos seguintes versos do canto II: "Mas um martírio, que encobrir não pode/ Em rugas faz/ A mentirosa placidez do rosto/ Na fronte audaz". Quando tudo está pronto para que tenham início as honras do sacrifício, o chefe dá a palavra ao prisioneiro. É aí que começa o canto IV. O tupi se apresenta e narra sua trajetória de triunfos, mas, aos prantos, pede que seja libertado, para que possa cuidar do pai, um velho fraco e cego a quem ele serve de arrimo.

O chefe timbira ordena a soltura do prisioneiro, alegando que não queria "Com carne vil enfraquecer os fortes". O jovem promete voltar e oferecer-se em sacrifício, tão logo não tenha mais o velho tupi sob sua responsabilidade. Então parte apressadamente ao encontro do pai que, privado da visão, tem os demais sentidos muito aguçados: percebe o odor de tintas frescas e, apalpando o corpo do filho, descobre que o rapaz havia sido aprisionado. Surpreso, questiona o motivo de ele ter escapado da morte e, ao saber da verdade, procura imediatamente o chefe da tribo inimiga, a fim de entregar-lhe o filho.

O timbira, porém, recusa a oferta sob o argumento de que "Aviltaria o triunfo/ Da mais guerreira das tribos/ Derramar seu ignóbil sangue". Envergonhado, o velho tupi rejeita e amaldiçoa o filho: "Sê maldito, e sozinho na terra;/ Pois que a tanta vileza chegaste,/ Que em presença da morte choraste,/ Tu, cobarde, meu filho não és". Entretanto, assim que termina as imprecações, dá pela falta do jovem e escuta, ao longe, sons de guerra. O jovem havia regressado às terras dos timbira para guerrear. Enfrenta sozinho a nação inimiga, recupera a reputação e se reconcilia com o pai. No último canto, a voz poética informa que um velho timbira havia guardado na memória os fatos e repetia a todos os que duvidavam: "Meninos, eu vi!".

Não há dúvidas: o jovem tupi age como um herói. É valente, sensível, leal a seu pai, a seu povo, a seus princípios. Impressiona e deixa marcas na memória daqueles que o viram em ação.

O estudo do contexto de produção da obra nos dá elementos para compreender melhor a construção desse herói. "I-Juca Pirama" é um poema romântico. O adjetivo "romântico" pode sugerir a ideia de sentimental, sonhador, idealista. Embrenhemo-nos na diversidade de significados da palavra e encontremos elementos que nos ajudem a traçar um caminho para interpretar o poema em consideração.

O latim falado na Europa apresentava duas variações: a culta, chamada de *latine loqui*, e a vulgar, *romanice loqui*, que se espalhou pela Europa. O termo "romanice" deu origem a "romance", palavra usada para designar a variação do latim vulgar falado na Europa. Posteriormente, a mesma palavra passou a designar um gênero literário, mais exatamente as novelas de cavalaria produzidas na Idade Média. Já no início do século XIX, o adjetivo "romântico" foi empregado para nomear um movimento literário e artístico que buscava inspiração na Idade Média. É justamente nesse movimento literário que se situa o poema "I-Juca Pirama".

» ***O romanice*** foi uma língua intermediária entre o latim vulgar e as línguas românticas, que são: italiano, romeno, sardo, francês, provençal, catalão, castelhano e português.

> **A palavra "trovadorismo"** tem origem em "trovador", termo que designa o artista medieval que compunha poemas para serem cantados. A lírica trovadoresca envolve três tipos de produção: as cantigas de amor e as de amigo — que desenvolviam a temática amorosa — e as cantigas de escárnio e maldizer, de viés satírico. Os trovadores provençais eram artistas completos: poetas, músicos e cantadores que desenvolveram uma refinada arte poética, a qual constitui a origem da literatura em língua portuguesa.

> **Na Europa**, o Romantismo caracterizou-se pelos esforços para a criação das diversas identidades nacionais, principalmente resgatando a figura do cavaleiro medieval como herói. Na literatura brasileira, o Romantismo notabilizou-se por eleger como elemento identitário um passado mítico, representado por um território paradisíaco habitado por índios idealizados. A estratégia de integrar conteúdo local e padrões estéticos consagrados na Europa, como a busca de um passado heroico, foi apoiada oficialmente pelo império de Dom Pedro II, que patrocinou escritores do Romantismo — caso de Gonçalves Dias e José de Alencar — e de pintores do Neoclassicismo — como Pedro Américo e Victor Meirelles.

O artista romântico reverencia a Idade Média cavaleiresca cristã e resgata dela elementos como a ingenuidade, a valorização da honra, o espiritualismo e o misticismo, entre outros. Na produção literária medieval, que lhe serve de inspiração, encontra-se o trovadorismo, movimento artístico no qual poesia e música estavam intimamente ligadas. Assim, o Romantismo foi marcado por produções poéticas melodiosas, forte exploração do ritmo e o hábito de musicar poemas eruditos.

Entre tantos caminhos possíveis para aprofundar a leitura de "I-Juca Pirama", este é o que vamos percorrer: observar a riqueza rítmica do poema e as formas pelas quais as diferentes cadências colaboram com a construção dos distintos momentos da trajetória do herói.

No canto I é feita a descrição do cenário e da situação em que se encontra o prisioneiro. Os versos formados por onze sílabas poéticas são amplos, como é ampla a paisagem:

No meio das tabas de amenos verdores,
Cercadas de troncos — cobertos de flores,
Alteiam-se os tetos d'altiva nação;
São muitos seus filhos, nos ânimos fortes,
Temíveis na guerra, que em densas coortes
Assombram das matas a imensa extensão.

O ritual tem início no canto II. A morte está próxima e se anuncia de várias formas:

com a música, a dança e a bebida distribuída aos que participam da cerimônia, com o uso da "dura corda" que prende o jovem e "Mostra-lhe o fim/ Da vida escura, que será mais breve/ Do que o festim!". O guerreiro não esconde sua aflição, e seu estado de espírito é percebido pela voz poética, que interroga: "Que tens, guerreiro? Que temor te assalta/ No passo horrendo?". E aconselha: "Honra das tabas que nascer te viram,/ Folga morrendo". Coexistem no canto duas visões sobre a situação: a externa, que expressa a expectativa de que a morte seja encarada bravamente, e a do guerreiro, que não esconde seu desconsolo, as "queixas do coração". Essa dualidade é representada pelos versos de dez e de quatro sílabas poéticas, duas medidas diferentes, cuja alternância imprime ao canto uma pulsação coerente com a tensão do momento:

> *Em fundos vasos d'alvacenta argila*
> *Ferve o cauim;*
> *Enchem-se as copas, o prazer começa,*
> *Reina o festim.*

> *O prisioneiro, cuja morte anseiam,*
> *Sentado está,*
> *O prisioneiro, que outro sol no ocaso*
> *Jamais verá!*

Na passagem seguinte — a descrição do orgulho da nação a quem cabem as honras do sacrifício — o metro* volta a ser amplo (dez sílabas poéticas). O tom de vaidade pela conquista se destaca ao longo de todo o canto. No final, no entanto, anuncia-se um novo momento de tensão, quando o chefe timbira dá a palavra ao prisioneiro:

> *"Dize-nos quem és, teus feitos canta,*
> *Ou se mais te apraz, defende-te." Começa*
> *O índio, que ao redor derrama os olhos,*
> *Com triste voz que os ânimos comove.*

O canto IV traz, pois, uma mudança de foco: depois de conhecer os estados de alma dos timbira no momento do festim, o leitor é apresentado ao jovem tupi, entrando em contato com sua narrativa pessoal, ou seja, com aquilo que ele tem a dizer de si e de sua trajetória, o que pensa e sente diante da iminência de morte. A alteração no tema implica uma mudança no metro: à amplitude dos versos de dez sílabas, segue-se o tom acelerado dos de cinco, que marcam a tensão do prisioneiro.

	1ª SÍLABA ACENTUADA			2ª SÍLABA ACENTUADA		ESQUEMA DE RIMAS
Da	**tri**	bo	pu	**jan**	te	A
Que a	**go**	ra an er	da	**ran**	te	A
Por	**fa**	do in	cons	**tan**	te	A
Guer	**rei**	ros,	nas	**ci**		B
Sou	**bra**	vo	sou	**for**	te	C
Sou	**fi**	lho	do	**Nor**	te	C
Meu	**can**	to	de	**mor**	te	C
Guer	**rei**	ros,	ou	**vi**		B

O canto é formado por doze estrofes, nas quais podemos observar uma série de regularidades: todos os versos são formados por cinco sílabas poéticas; as estrofes, com exceção da primeira, são formadas por oito versos; o esquema de rimas, com exceção da primeira estrofe, é AAABCCCB; em todos os versos, o acento prosódico recai sobre a segunda e a quinta sílabas.

Ao longo de seu discurso, o tupi ressalta suas qualidades: "Sou bravo, sou forte"; valoriza as experiências de vida que o converteram no guerreiro que é: "Já vi cruas brigas,/ De tribos imigas,/ E as duras fadigas/ Da guerra provei"; e ressalta seu amor filial e o desejo de proteger o pai: "Eu era o seu guia/ Na noite sombria,/ A só alegria/ Que Deus lhe deixou:/ Em mim se apoiava,/ Em mim se firmava,/ Em mim descansava,/ Que filho lhe sou". O teor do discurso, associado aos versos curtos e à regularidade da posição das sílabas tônicas e do esquema de rimas, imprimem aos cantos de guerra um ritmo próprio, que faz ecoar tanto a luta entre o guerreiro tupi e a nação timbira, como a batalha travada no íntimo do prisioneiro, em conflito entre morrer como um bravo e deixar o pai desamparado ou implorar pela vida como um covarde e garantir a oportunidade de cuidar do velho. É como se ouvíssemos o rufar ritmado dos tambores e também a pulsação acelerada da respiração do prisioneiro, agoniado e apreensivo.

» **O verso decassílabo** era cultivado, durante a Idade Média, pela poesia trovadoresca galego-portuguesa. Em geral, nos versos de dez sílabas, a sexta é acentuada. Quando o acento recai sobre a sexta e a décima sílabas poéticas, ocorre o decassílabo heroico, que recebe esse nome por adaptar-se perfeitamente à cadência da poesia épica medieval, a qual era protagonizada por um herói e contava acontecimentos históricos.

Tudo isso colabora para a criação de um sentimento de cumplicidade entre o leitor e o índio. A tensão cresce ao longo do canto, bem como a admiração pelos valores do cativo. Não temos dúvidas de que se trata de um rapaz virtuoso, que não teme a morte, mas sim a sorte do pai. Se nos aumenta a admiração pelo índio, aumenta também a aflição provocada pelo ritmo tenso dos versos e, consequentemente, cresce em nós o desejo de que o canto de morte do tupi comova os inimigos.

É um alívio ler a primeira palavra do canto v: "Soltai-o!". E o verso seguinte se "solta" junto com a ordem do chefe timbira, expandindo-se em dez sílabas, o que provoca no leitor um relaxamento pela libertação do jovem. O alívio, no entanto, se desfaz logo em seguida, quando o timbira esclarece que o prisioneiro foi solto não por misericórdia, mas por ter-se revelado indigno: "— Mentiste, que um Tupi não chora nunca,/ E tu choraste!... parte; não queremos/ Com carne vil enfraquecer os fortes". O canto termina ressaltando a ambiguidade conflituosa em que se encontra o guerreiro. Ele corre em direção ao pai, aliviado por ter escapado da morte e, ao mesmo tempo, infeliz por ter sido acusado de covardia.

Esse conflito se estende até o sexto canto, quando pai e filho se reencontram. A reunião dos dois é marcada pelo contraste entre diferentes vontades e pontos de vista. O filho quer ocultar o que aconteceu, o pai está determinado a desvendar o mistério; o jovem anseia que seu gesto seja entendido como um ato de honra e respeito à figura paterna, o velho concebe a atitude do filho como mostra de covardia; o rapaz quer ficar com o pai, este ordena que voltem juntos à terra timbira. O metro representa esses contrastes: os versos são decassílabos nos trechos em que a voz poética narra o conflito, mas as medidas são diferentes e variadas nos diálogos entre pai e filho:

> *A dor passada, a previsão futura*
> *E o presente tão negro, ali os tinha;*
> *Ali no coração se concentrava,*
> *Era num ponto só, mas era a morte!*
> *— Tu prisioneiro, tu?*
> *— Vós o dissestes.*
> *— Dos índios?*
> *— Sim.*

Nos cantos VII, VIII e IX, o conflito se instala, se agrava e atinge o clímax. Cada um deles apresenta um ritmo diferente. No canto VII, os versos formados por sete sílabas poéticas imprimem um tom melodioso, coerente com o lamento do velho pai: "Por amor de um triste velho,/ Que ao termo fatal já chega,/ Vós, guerreiros, concedestes/ A vida a um prisioneiro". No canto VIII, o verso formado por nove sílabas poéticas com esquema rítmico regular ressalta a vergonha do tupi, que derrama sobre o filho as mais terríveis imprecações: "Miserável, faminto, sedento,/ Manitôs lhe não falem nos sonhos,/ E do horror os espectros medonhos/ Traga sempre o cobarde após si". E chega inclusive a rejeitá-lo: "Sê maldito, e sozinho na terra;/ Pois que a tanta vileza chegaste,/ Que em presença da morte choraste,/ Tu, cobarde, meu filho não és".

O canto IX representa o ponto culminante do conflito. O jovem encontra-se submetido a uma enorme tensão: por amor ao pai, acabou por decepcioná-lo; por devoção filial, quebrou o código de honra da família; por assumir bravamente o desejo de cumprir os deveres de filho, perdeu a oportunidade de morrer com honra e foi condenado a uma existência infame. São essas as condições com que se encaminha o final da trama, o qual é marcado pela atitude heroica do guerreiro: ele enfrenta sozinho a tribo inimiga, tal qual um "rochedo vivo" contra o qual os timbira se batem, e, por fim, é chamado de "guerreiro ilustre" pelo chefe inimigo.

No canto IX, em que os ideais medievais de bravura e heroísmo dão o tom e modelam as ações do índio, os versos decassílabos remetem à poesia épica, cuja característica é o tom narrativo das ações heroicas de uma nação. Nos momentos em que se destaca o heroísmo, temos, inclusive, o chamado decassílabo heroico*, cujo ritmo marcial colabora para a construção da grandiosidade do herói:

> — Basta, guerreiro i**lus**tre! Assaz lu**tas**te,
> E para o sacri**fí**cio é mister **for**ças.

Ao final do poema, o jovem tupi tem sua ação heroica reconhecida por todos: pelo chefe timbira, que o aceita em sacrifício, reconhecendo-o como "guerreiro ilustre"; pelo pai, que brada "Este, sim, que é meu filho muito amado"; e pela posteridade, representada no canto X pela figura do ancião "coberto de glórias" que transmitia às novas gerações a história que testemunhara.

No esforço de criar uma poética dedicada à formação do país, Gonçalves Dias explora temas e valores com os quais a nação deveria se identificar e nos quais deveria se reconhecer: a pureza, a bravura, um modelo de honra a ser seguido. Tudo isso contribui para a criação do imaginário mítico da nação, o que vai ao encontro do projeto literário daquele momento cultural brasileiro. No entanto, esse retorno ao passado medieval conduziu a outras criações interessantes, para além do índio idealizado, inspirado nos cavaleiros da Idade Média. É o caso da forte relação entre música e poesia, encontro tão fortemente ligado à identidade nacional e explorado de forma magistral em "I-Juca Pirama".

Antônio Gonçalves Dias nasceu em Caxias, Maranhão, em 1823, e morreu em 1864, vítima de um naufrágio. Era filho de um comerciante português e de uma brasileira. Estudou direito em Coimbra, Portugal, conhecendo por volta de 1840 a poesia romântico-nacionalista de Almeida Garrett e Alexandre Herculano. Iniciou sua carreira como escritor em Portugal, com a publicação de algumas peças de teatro. Consolidou-se como poeta e fez de seus temas principais o índio e a pátria brasileira. Retornou ao país em 1845 e, no ano seguinte, passou a residir no Rio de Janeiro, onde se aproximou do grupo de Gonçalves de Magalhães, formado por artistas vinculados ao Imperador Dom Pedro II. Passou a lecionar no Colégio Dom Pedro II e trabalhou no Instituto Histórico e Geográfico Brasileiro, onde produziu trabalhos de pesquisa histórica e geográfica. Foi também autor do *Dicionário da língua tupi*. Sua produção poética encontra-se nos volumes *Primeiros cantos*, *Segundos cantos*, *Sextilhas de Frei Antão*, *Últimos cantos* (publicado em vida pelo autor), *Os timbiras* (obra inacabada) e *Obras póstumas*. Escreveu também quatro peças de teatro: *Patkull, Beatriz Cenci, Leonor de Mendonça* e *Boabdil*.

Tirana

CASTRO ALVES

"Minha Maria é bonita,
Tão bonita assim não há;
O beija-flor quando passa
Julga ver o manacá.

"Minha Maria é morena,
Como as tardes de verão;
Tem as tranças da palmeira
Quando sopra a viração.

"Companheiros! o meu peito
Era um ninho sem senhor;
Hoje tem um passarinho
P'ra cantar o seu amor.

"Trovadores da floresta!
Não digam a ninguém, não!...
Que Maria é a baunilha
Que me prende o coração.

"Quando eu morrer só me enterrem
Junto às palmeiras do val,
Para eu pensar que é Maria
Que geme no taquaral..."

» **Em 14 de outubro de 1870**, em um sarau literário em Salvador, Castro Alves fez a declamação pública de *A cachoeira de Paulo Afonso*. A leitura impressionou a todos, pois o texto continha drama, lirismo, um perfeito retrato da natureza, além de toques de humor. Foi a última aparição pública do poeta. Os poemas relatam a história da escrava Maria que fora violentada por um branco. Ela decide proteger seu amado, Lucas, evitando contar-lhe o fato, pois sabia que ele a vingaria. Entre a família de seu agressor e Lucas já existiam outras histórias de violência e injustiças. Por meio de vários poemas, o drama se desenrola até o momento apoteótico em que os dois amantes se deixam levar por uma canoa até a Cachoeira de Paulo Afonso, onde despencam para a morte.

» **Segundo** Segismundo Spina, autor de *A lírica trovadoresca*, os mais antigos registros dessa arte datam do século XI e somente no século XV surgem versos para serem lidos ou declamados, e não cantados.

 ANÁLISE O poema "Tirana" faz parte de *A cachoeira de Paulo Afonso*, livro escrito durante o período em que Castro Alves viveu entre Recife, Salvador e São Paulo, de 1864 a 1870. Na obra, o poeta narra o amor vivido entre os escravos Maria e Lucas. No conjunto de poemas, são apresentados os obstáculos enfrentados pelo casal e o desfecho do caso.

Em "Tirana", a voz lírica estabelece diálogo com seus companheiros para declarar o amor por Maria. Comecemos, então, pela observação dessa voz e da figura feminina que aparece no poema.

Primeiro, nota-se que o eu lírico se dirige a seus interlocutores, chamando-os de "companheiros", depois de "trovadores da floresta". No período medieval, o trovador* era o compositor de versos e canções. Seus temas eram os amores impossíveis, a solidão da mulher cujo amado havia partido e, ainda, situações picarescas envolvendo indivíduos da sociedade. O trovador era um homem culto e bem situado socialmente, por isso conhecia a arte de fazer letras poéticas e melodias, além de transitar livremente entre os poderosos. Seus versos reportavam a vida social e multiplicavam informações sobre os indivíduos da comunidade.

No diálogo estabelecido, percebe-se que a voz do poema se coloca como parte do grupo de trovadores. Há uma relação de cumplicidade: o sujeito apaixonado compartilha o sentimento que lhe assalta, mas pede aos companheiros que guardem segredo:

> *Trovadores da floresta!*
> *Não digam a ninguém, não!...*

Esse pedido é intrigante: qual sua razão de ser? Por que não se pode tornar público o que o eu lírico declara? Podemos começar a buscar respostas para essas perguntas observando a descrição de Maria.

A presença dela se faz na voz do trovador. O eu lírico descreve seus atributos e, para retratá-la, recorre à natureza como modelo de comparação. Mulher e natureza se assemelham pela beleza, graça e perfeição. Ele se declara encantado pelo efeito das duas. Entretanto, há no título uma pista que não deve ser ignorada, pois a palavra que a designa não é muito elogiosa: tirana. Se fala de amor, por que o poeta se refere à tirania? A que forma de amor ele se refere?

Há diferentes sentidos para a palavra, segundo o *Dicionário Houaiss da língua portuguesa*. Alguns deles chamam a atenção:

> ¹TIRANA s. *f*.: 1 na península ibérica, dança com canto em compasso binário composto e andamento moderado, posteriormente limitado ao canto. [...] 3 BA cantiga de amor, langorosa e em andamento lento.
>
> ²TIRANA: 1 *(1881)* mulher má, impiedosa e cruel. 2 *(1881)* mulher esquiva, que não se deixa requestar.

Considerando os dois sentidos do termo, podemos dizer que Castro Alves conhecia bem o idioma, tanto no que se refere à origem das palavras quanto ao uso da língua portuguesa no Brasil e em Portugal. E mais: a escolha da palavra que designa a mulher no título, além de revelar a grande habilidade do poeta com a língua, abre caminhos para diferentes leituras: "tirana" pode tanto se referir ao canto como à mulher amada.

O primeiro caminho nos leva à observação da musicalidade do poema. O ritmo nos versos de sete sílabas poéticas é a redondilha maior*, o que torna a sonoridade compassada. Essa forma nos faz lembrar da atividade do trovador medieval, que fazia cantos de louvor à amada inacessível.

Pode-se dizer então que Castro Alves partilha da tradição medieval, ao menos no que diz respeito ao endereçamento de seu canto, a amada. No que se refere ao tema, no entanto, parece ter outros propósitos.

Ao resgatar o tema da solidão amorosa da cantiga de amor, ele assume a intenção medieval. Entretanto, não nos parece que o poema seja melancólico, pois a Maria aqui retratada não é assim tão inacessível. A cantiga trovadoresca está presente, mas se transveste em um novo canto. A análise das estrofes revela seu segredo e favorece a identificação de uma nova cantiga de amor. Primeiro o poeta descreve a amada:

> *Minha Maria é bonita,*
> *Tão bonita assim não há;*
> *O beija-flor quando passa*
> *Julga ver o manacá.*

O verbo "ser" aponta para a descrição da mulher. Ela "é" bonita, tão bonita que o pássaro a confunde com uma flor. A imagem nos remete à representação do contato do pássaro com a flor. Ele julga poder penetrar o manacá com seu bico pontudo e fino para sorver sua doçura. Há uma semelhança entre a voz do poema e o beija-flor, pois os dois são iguais no desejo de ter para si a beleza da mulher/flor de manacá. O tom elogioso à mulher imprime ao poema uma graça muito longe da melancolia. Antes disso, sugere a voz sedutora do amante.

Há ainda a melodia, que se aproxima do canto dançante pelo ritmo e a repetição dos sons nasais: "**min**ha", "**M**a**r**ia", "bo**n**ita", "assi**m**", "**n**ão", "qua**n**do", "**ma**nacá". Dessa maneira, a similaridade* entre a voz poética e Maria, e entre o beija-flor e a flor de manacá remete graciosamente a leitura à possibilidade de um encontro amoroso. É preciso observar, no entanto, se essa possibilidade continua até o fim do poema.

A segunda estrofe parece manter os mesmos tom, tema e ritmo

» *A figura de linguagem* que apresenta a repetição de sons nasais ou outros sons consonantais chama-se aliteração*.

do poema. Aparece novamente o pronome possessivo "minha", destacando o amor do emissor e a caracterização da mulher, ampliando as pistas sobre a relação amorosa. Entretanto, é preciso observar a nuança de sentido:

> *Minha Maria é morena,*
> *Como as tardes de verão;*
> *Tem as tranças da palmeira*
> *Quando sopra a viração.*

Nota-se que a pontuação dessa estrofe é rigorosamente idêntica à da anterior. Há, no entanto, uma quebra sonora que interrompe essa regularidade rítmica. O primeiro verso apresenta a aliteração* em som nasal:

> **Minh**a **M**aria é **m**orena

O verso seguinte, no entanto, apresenta o mesmo fonema nasal /m/, mas também outras sonoridades, como a consoante V e a desinência* "ão":

> *Co**m**o as tardes de ver**ão***

Em seguida, a combinatória entre sons diferentes se repete, criando uma nova regularidade:

> *Te**m** as tranças da pal**m**eira*
> *Qua**n**do sopra a vira**ção**.*

"Ver**ão**" e "vira**ção**" quebram o ritmo melodioso da primeira estrofe. Entretanto, é importante ressaltar que a escolha da palavra "viração" nos fez voltar ao estudo do vocabulário. A palavra foi empregada somente pela sonoridade, ou há outro propósito na escolha do termo? Que sentidos a palavra sugere? Qual a origem da palavra e o seu significado?

A leitura do verbete destinado à palavra no *Dicionário da língua portuguesa contemporânea da Academia das Ciências de Lisboa* acrescenta novos caminhos à leitura do verso:

> **VIRAÇÃO: s.f. 1** vento brando e fresco que sopra, em geral, do mar para a terra; brisa de aragem marítima **2** inspiração **3** *Bras* ato de lidar ou de voltar **4** *Bras* pequenos trabalhos avulsos; bico [...] **8** *Bras* nevoeiro espesso que ocorre frequentemente no verão, entre 2 e 4 horas da tarde **9** *Bras popular* relação amorosa, especialmente extraconjugal; caso **10** *Bras gíria* prostituição.

No dicionário *Houaiss*, encontramos a seguinte definição para o vocábulo: vento fresco, brisa do mar para a terra, ou caso amoroso. E também a variante brasileiríssima: atividade de prostituição, meretrício.

Assim, desnuda-se o inusitado do poema: a quebra sonora associada à escolha da palavra pode sugerir um novo caminho para a leitura. O uso de um termo, cujo sentido é tão diferente no Brasil e em Portugal, aponta para distintas visões sobre o amor entre os amantes. Analisando-se atentamente o vocabulário, há que se ver que entre o eu lírico e Maria há muito mais do que o amor idealizado dos trovadores medievais.

Passemos às demais estrofes. A terceira começa com um vocativo, o chamamento "companheiros!". Fica clara aí a relação entre o poeta e seus pares, aqueles com quem ele se identifica, os que cantam o amor, como na tradição oral trovadoresca. O final da terceira estrofe — "P'ra cantar o seu amor" — reforça ainda mais o caráter oral da língua.

O emissor revela que seu coração já tem dono:

> *Companheiros! o meu peito*
> *Era um ninho sem senhor;*
> **Hoje tem um passarinho**
> *P'ra cantar o seu amor.*

O vocativo inicial da estrofe seguinte, "Trovadores da floresta!", reforça o sentido do diálogo entre muitos. Por que ele pede sigilo a seus interlocutores? Terá o autor do poema ironizado a representação da relação amorosa proibida?

> *Trovadores da floresta!*
> *Não digam a ninguém, não!...*
> *Que Maria é a baunilha*
> *Que me prende o coração.*

A questão pode ser resolvida na leitura da descrição da mulher amada. O verso final revela que Maria prende seu coração. Ele diz que ela é baunilha, ou seja, traça uma analogia entre as qualidades dela e as qualidades da planta. Parece que o segredo se refere ao que ele encontrou na relação amorosa.

Parece simples, mas como já vimos que o autor sabe explorar o uso das palavras, devemos desconfiar de que se valeu de uma multiplicidade de sentidos do vocábulo "baunilha". As questões que surgiram quando analisamos o vocábulo "viração" se referiam ao sentido e ao uso da palavra em diferentes épocas. E desta vez, de onde vem o termo "baunilha"? Por que a mulher pode ser comparada à planta? Há alguma intencionalidade no uso do vocábulo?

Voltemos aos dicionários. Segundo o *Houaiss,* baunilha é uma flor da família das orquídeas, tem propriedade afrodisíaca e é uma planta tropical. Como as palavras podem adquirir diferentes sentidos ao longo dos tempos, resolvemos consultar um dicionário etimológico, a fim de verificar se a história da palavra poderia apontar novos caminhos. O *Dicionário etimológico da língua portuguesa*, de Antonio Geraldo da Cunha, revela o seguinte sobre "baunilha": "Planta da família das orquidáceas, cuja essência é muito usada em confeitaria, *sec.* XVIII do castelhano *vainilla*, dim. de *vaina*. 'bainha', derivado do latim *vagina*".

O que o trovador não podia contar publicamente foi anunciado em poesia. A habilidade de Castro Alves estabeleceu um sentido oculto no poema, provocando o riso escondido no leitor atento. O eu lírico modifica a voz do poeta romântico, cuja tonalidade advém dos trovadores-poetas da Europa, e a transforma em amante libertário. Nessa modificação, redimensiona tanto os valores expressos na poesia medieval, como a representação do amor romântico. Há a identidade de um estilo único, que disfarça e transveste valores literários e culturais. Eis a ironia presente no texto.

Para concluir, é preciso destacar que o trovador pede a seus amigos na última estrofe que o enterrem junto às palmeiras do vale. Aliás, a palavra "palmeira" já havia aparecido na segunda estrofe, com o objetivo de revelar que a mulher tem tranças como as folhas dessas árvores. Pode-se supor, portanto, que ele quer ser enterrado perto das mulheres de tranças, pois o termo aparece no plural. Isso para que possa ouvir Maria gemer e pensar que é por ele.

Essa cantiga de Castro Alves atualiza as canções medievais, apresentando um novo ponto de vista sobre o trovador e a mulher amada. Brincando com as palavras, a voz do poema faz o leitor sonhar e ressignifica a cantiga de amor medieval.

Castro Alves nasceu no interior da Bahia, em 1847, e morreu com apenas 24 anos, em 1871. Viveu a maior parte de sua infância em Salvador, lugar com o qual o poeta ficou muito identificado.

Em 1868, o jovem autor fez uma apresentação pública dos poemas que compõem o livro *Navio negreiro* e que denunciam a situação dos escravos nos navios que os transportavam para o continente sul-americano. Castro Alves ficou conhecido rapidamente, e sua obra foi muito divulgada. Até hoje esses poemas são referência quando se estudam os principais autores brasileiros.

Em 1864, aos dezessete anos, iniciou seus estudos na Faculdade de Direito do Recife, mas, como seu grande interesse era a poesia, dedicava-se com afinco a ela. Dava atenção também às questões sentimentais. Levando uma vida desregrada, contraiu tuberculose, doença que na época era incurável. O desinteresse pelo direito e rompimentos amorosos o levaram novamente a uma vida boêmia, o que provocou uma séria crise de saúde, agravada por um tiro acidental disparado contra o seu pé durante uma caçada. A amputação foi inevitável. Em 1870, publicou *Espumas flutuantes*, seu primeiro livro. Fez também a leitura para os amigos de *A cachoeira de Paulo Afonso*, publicado após sua morte, em 10 de fevereiro de 1871.

Lídia

RICARDO REIS
(heterônimo* de Fernando Pessoa)

Lídia, ignoramos. Somos estrangeiros
Onde quer que estejamos.

Lídia, ignoramos. Somos estrangeiros
Onde quer que moremos. Tudo é alheio
Nem fala língua nossa.
Façamos de nós mesmos o retiro
Onde esconder-nos, tímidos do insulto
Do tumulto do mundo.
Que quer o amor mais que não ser dos outros?
Como um segredo dito nos mistérios,
Seja sacro por nosso.

ANÁLISE A reflexão sobre esse poema só pôde ser realizada por nós após inúmeras leituras em voz alta. Para concretizá-la agora, se faz necessário revelar o motivo de tantos recomeços.

A ausência de título e de formas clássicas da poesia — rimas, estrofes ou regularidade na métrica — nos incitou a buscar uma maneira menos formal de analisar o texto. Por isso ficamos atentas à afirmação que se apresenta no primeiro verso: *"Lídia, ignoramos"*. E nos perguntamos, assim como Lídia teria feito: o que ignoramos?

Foi assim que se iniciou uma boa conversa entre nossa leitura e o texto poético. Tivemos a impressão de que o poema nos havia intimado ao diálogo ao lançar uma ideia e deixar que nós leitores buscássemos as respostas. Pareceu-nos que era preciso ler várias vezes o poema e pensar sobre ele, fazendo inferências* e recorrendo ao nosso repertório para desvendar o que ignorávamos. Foi assim que caímos nas malhas desse poema em forma de conversa.

Aceito o convite para a interlocução, nos restringimos à observação do diálogo estabelecido. Quem fala com quem? De que se trata a conversa? O que ignoramos? Como Lídia, ou nossa mente leitora, pode responder às questões propostas pelo poema?

Para resolvê-las, intuitivamente assumimos a voz de Lídia e nos colocamos em seu lugar para interagir. Aos poucos, as leituras sucessivas ressaltaram outra passagem do poema: "Façamos de nós mesmos o retiro". Como já estávamos entregues às divagações próprias do bom diálogo, resolvemos permitir que nossa mente fosse além do texto para que o diálogo imaginário não se tornasse um monólogo.

Em nossa percepção particular, o eu lírico insistia em nos convidar para um retiro. Aceitamos o convite e, assim, nos afastamos da análise formal e nos permitimos também a divagação, a presença da subjetividade no reconhecimento do poema. Ou seja, a leitura que apresentaremos perseguirá a pista que tocou nossa sensibilidade, e, em vez da análise estilística ou das observações sobre o heterônimo Ricardo Reis, enxergaremos o poema como a expressão de pensamentos subjetivos que nos afetam. Nesta leitura, não estamos falando sobre a construção do poema, sua estilística ou sobre o poeta, mas sobre uma experiência específica de contato com um objeto de arte que nos atravessou sensivelmente.

A palavra "retiro" tornou-se, assim, a porta de entrada, e por meio dela nos recolhemos a outro ponto de vista. Em vez de considerar o texto como objeto de análise, permitimo-nos observá-lo como representação de nós, daquilo que nos constitui como sujeitos. Portanto fizemos do texto uma possibilidade de recolhimento.

Esta leitura pretende revelar a coincidência entre a voz do leitor e a do poema, favorecendo uma experiência de reconhecimento de si, uma leitura que se concretiza na redescoberta do que é mais humano em nós.

O tom informal com que a voz poética se refere a Lídia sugere intimidade entre os dois, o que facilitou a nossa aproximação. Nessa interação, tivemos a impressão de descobrir o emissor, pois, ao dizer somente "ignoramos", o poeta parece ter feito vibrar certa

» **Fernando Pessoa** revela que Ricardo Reis tinha admiração pelos autores clássicos. Pela representação que faz do mundo e pelas referências temáticas, é possível identificar marcas da obra de Epicuro, filósofo que viveu em Atenas entre os anos de 341 e 270 a.C. Fundou uma escola filosófica que se dedicava aos estudos da natureza do homem e de suas relações com o mundo. Pregava que o homem deveria cultivar a ponderação em suas relações, pois ela favorece a satisfação dos sentidos. Dizia também que o prazer exagerado e desmedido trazia infelicidade. Seu ideal era o autocontrole, a temperança e a serenidade. Dizem que os epicuristas se reuniam em um jardim e que, nesse refúgio, procuravam o prazer equilibrado e a felicidade que advém do equilíbrio. Nessa busca, surgiu a ideia do *carpe diem* (aproveite o dia) cantada por outros tantos autores.

» **O nome Lídia**, que aparece na poesia de Ricardo Reis, é citado também por Horácio, poeta romano nascido em 65 a.C. e que escreveu poesia lírica e satírica. Sua obra é importante por ter sido ele um dos primeiros a escrever poemas líricos usando aspectos individuais e subjetivos. Também foi um dos precursores do tema amoroso na lírica, sob um ponto de vista individual. Horácio expressou seu amor por diferentes mulheres, o que valorizou muito a figura feminina no gênero poético. Entre elas estão Cloe e Lídia, nomes que aparecem na obra de Fernando Pessoa.

perplexidade frente à constatação. O verbo é utilizado como se fosse completo de sentido, suprimindo a expressão que explicaria o que ignoramos, ou seja, o objeto direto. Na relação de cumplicidade entre o eu lírico e Lídia, que consequentemente estende-se a nós leitores, são estabelecidas lacunas, que deixam no ar o sentido do que se quer dizer. A frase poética mostra, assim, ter uma lacuna estrutural. Por meio dessa estratégia o poema materializa um vazio que nos aproxima, tornando-nos cúmplices dele.

Esse movimento se concretiza definitivamente nos versos seguintes, pois surge a primeira pessoa do plural. Em "ignoramos", o eu está presente na realidade constatada, já que a pessoa do discurso — "nós" — é o encontro de vários eus. Considerando essa coexistência, o eu que lê o poema se une ao eu que emitiu a descoberta. A relação eu/nós nos coloca no mesmo plano, sugerindo que temos o mesmo nível de conhecimento, ou antes, de desconhecimento. Por isso o eu leitor, no lugar daquele que se sente parte da conversa, começa a se perguntar o que de tão importante ele ignora, o que falta. E aí continuamos nossa viagem...

Que reflexão nossa leitura sugeriu? Por mais que tenhamos controle sobre a vida ou que aproveitemos os prazeres por ela proporcionados, por mais que saibamos mais hoje a respeito da ciência ou da estrutura da psique do que em qualquer outro momento, vez por outra somos assaltados pela sensação de que algo ainda nos escapa. Isso é inegável, há a consciência da incompletude em nós, há uma falta.

Guiadas por essa ideia, voltemos ao primeiro verso, em que a voz poética discorre a respeito da condição humana:

> *Lídia, ignoramos. Somos estrangeiros*
> *Onde quer que estejamos.*

Aos dizer "somos estrangeiros" o texto revela o desconforto de quem está fora de seu lugar, expressa um sentimento de falta de pertencimento do sujeito no mundo, do deslocamento de um eu que se percebe excluído de sua natureza, de seu espaço original. O tom coloquial indica a intenção de criar um ambiente de conversa, propondo ao leitor uma reflexão a respeito de nosso lugar no mundo e do quanto sabemos a respeito dele e de nós mesmos.

Nesse ponto, a leitura nos levou a perguntar por que esses versos nos pareceram tão familiares e tocaram tão fundo nossos sentidos. O que nesses versos aponta para o que pensou o poeta e, ao mesmo tempo, para o que tocou nosso estado de espírito?

A princípio os homens estão mais conectados e próximos. As novas mídias teoricamente encurtaram as distâncias, o mundo moderno democratizou a distribuição de conhecimento e ainda derrubou boa parte das barreiras morais que nos impediam de viver a vida mais prazerosamente.

Isso tudo deveria fazer homens e mulheres se sentirem mais presentes, plenos e donos de sua vontade. Em teoria, o estar no mundo se realizou em nosso tempo, mas o que o mundo traz de fora para dentro da nossa intimidade ainda não foi capaz de exterminar a sensação de incompletude que carregamos.

Assim, se o poema de Ricardo Reis se mantém atual, é porque ainda ecoa na voz de seus leitores, ainda trata de uma questão atual para o ser humano.

Vamos à segunda estrofe:

> *Lídia, ignoramos. Somos estrangeiros*
> *Onde quer que moremos. Tudo é alheio*
> *Nem fala língua nossa.*
> *Façamos de nós mesmos o retiro*
> *Onde esconder-nos, tímidos do insulto*
> *Do tumulto do mundo.*
> *Que quer o amor mais que não ser dos outros?*
> *Como um segredo dito nos mistérios,*
> *Seja sacro por nosso.*

Os dois primeiros versos repetem a mesma estrutura do início e parecem reforçar a reflexão da voz lírica. Porém, há uma mudança, pois "estejamos" foi substituído por "moremos", sugerindo que a maneira como habitamos o mundo não é definitiva; antes, o verbo "morar" evidencia o quanto estamos fora dele. Isso nos ocorreu na medida em que consideramos que as moradias por que passamos ao longo da vida são passageiras. A relação entre "moremos" e "estrangeiros" remeteu-nos à possibilidade de que onde quer que estejamos, estamos fora do lugar:

> *Lídia, ignoramos. Somos estrangeiros.*
> *Onde quer que moremos.* [...]

Fomos levadas a pensar que a cidade, a casa ou o nosso corpo são espaços que deveriam nos inserir plenamente nos contextos de nossas vidas, mas não é o que acontece. Em boa medida porque tudo pode mudar a qualquer hora: o que nos é oferecido pode ser transformado, obrigando-nos a uma nova perspectiva e a um novo direcionamento. Visto dessa maneira, o poema nos convida ao refúgio em nós mesmos. Somente em si o eu está amparado. Esse refúgio configura uma tentativa de proteção, pois podemos, em nós mesmos, olhar o "tumulto do mundo" e minimizar a dor que de lá vem.

A ideia de que estamos fora do lugar — como quem perdeu seu território — se soma a outra: não há comunicabilidade eficaz com nosso semelhante, pois o alheio nem "fala a língua nossa".

A palavra "língua" se abre para múltiplos significados. Primeiramente, pode se referir ao seu caráter utilitário, próprio ao ato comunicativo, por isso direto e altamente vinculado ao uso prático, cotidiano. Pode-se também pensar que a língua a que ele se refere é aquela utilizada para exprimir nossa intimidade subjetiva, por isso seria estranha ao mundo objetivo. É a língua que usamos para representar sentimentos e sensações, comunicar nossa subjetividade: trata-se da língua poética. Talvez seja esse o motivo do "insulto", pois no "tumulto do mundo" não há vez para essa língua distinta a que chamamos poesia.

As palavras do poema induzem à sensação de que, embora façamos um intenso esforço para nos adaptar ao mundo, às vezes somos assaltados pela ideia de que "não sou eu em lugar nenhum". O sentimento de insulto surge da percepção do não pertencimento a um espaço ou grupo.

No conjunto dos versos que seguem, surge uma brincadeira com a linguagem. A frase interrogativa, que por natureza pede uma resposta, traz em si uma negativa, sugerindo uma pergunta retórica, feita por alguém que já sabe a resposta e quer apenas nos convencer de algo em que acredita. Essa construção nos provocou um estranhamento no ato da leitura. O texto pareceu-nos mudar de assunto, trazendo à tona a questão do amor:

> Que quer o amor mais que não ser dos outros?
> Como um segredo dito nos mistérios,
> Seja sacro por nosso.

O eu lírico se refere a Lídia — e também ao leitor — para falar de amor. Mas como tratar desse assunto, se o eu é um estrangeiro no meio de uma multidão que não fala a sua língua? Isso só é possível voltando-se para dentro, fazendo da alma a morada do amor. Contra o insulto do tumulto do mundo, façamos de nós mesmos a morada de nossos mistérios.

Ao nos inserir nesse diálogo sobre nossa condição, o poema nos encanta. Por meio da estratégia de nos colocar no mesmo plano de Lídia e da voz poética, somos autorizados a pensar que fazemos parte

---

» **O poema "Lídia"** está inserido no livro *Odes*, de Ricardo Reis. Nessa coletânea de poemas, aparecem três mulheres diferentes: Cloe, Neera e Lídia. A primeira é a mais jovem, a que desperta desejo e vontade de viver. Entretanto sua juventude pode ser traduzida como a representação da consciência de que tudo passa, tudo é efêmero. Neera é aquela que vive na natureza e por isso representa o amor bucólico. Ela representa a natureza como espaço de isolamento. E Lídia, a mais citada no conjunto das odes de Ricardo Reis, representa o amor que transcende, pois ela é a grande companheira de todas as horas. É para ela que a voz lírica faz confidências; com ela é que se pode desejar aproveitar as coisas boas da vida na justa medida. Nos poemas em que aparece, marcas da filosofia de Epicuro estão sempre presentes. A visão de Reis sobre o mundo é, no entanto, mais pessimista que a do filósofo.

de um grupo de seres que ainda estão à margem e que vivem na incompletude. E por isso mesmo precisam de poesia. Somente na linguagem poética podemos concretizar as lacunas que ainda residem em nossa alma.

"Lídia" nos faz reconhecer que estamos fadados à incomunicabilidade e ao vazio quando nos deparamos com a fragilidade e a instabilidade das coisas. Sabemos, por conselho de Ricardo Reis, que só em nós há refúgio, por isso ele é sagrado. Na tarefa de nos resguardar das dores do mundo, segredamos nossos mistérios mais íntimos de nós mesmos, promovendo serenidade frente aos apelos do real. A condição íntima do resguardo pode ser um caminho de religação de si consigo, ou de si com os outros.

....

Ricardo Reis é um heterônimo do poeta português Fernando Pessoa. Não se pode afirmar categoricamente quais teriam sido os dados biográficos do heterônimo, pois Fernando Pessoa apresenta informações diferentes em seus diversos escritos sobre o tema. Em carta ao amigo Adolfo Casais, diz que Ricardo Reis nasceu em 1887, na cidade do Porto, em Portugal, "não me lembro o dia e mês, mas tenho algures". Posteriormente em um apontamento solto, Fernando Pessoa dá outra pista:

> *O Ricardo Reis nasceu em dentro de minha alma no dia 28 (29) de janeiro de 1914 pelas 11 da noite. Só em jun., contudo, depois de "arrancado do seu falso paganismo", pelo nascimento do "Mestre", Ricardo Reis adquire autonomia poética. São de 12 de jun. 1914 as prims. seis odes reveladas, e, em carta de 23, logo a seguir, diz Sá-Carneiro: "As minhas sinceras felicitações pelo nascimento do ex. sr. Ricardo Reis por quem fico ansioso por conhecer as obras que segundo me conta na carta repousam sobre ideias tão novas, tão interessantes e originais".* [1]

---

1. Fernando Pessoa. *O eu profundo e os outros eus*. Rio de Janeiro: Nova Fronteira, 2008, p. 411.

Assim, o leitor pode construir o perfil do autor do poema na leitura de fragmentos escritos por Fernando Pessoa, nas cartas que escreve a amigos, nas informações publicadas nas importantes revistas literárias de sua época, além de diferentes livros do autor. Por meio das cartas que o escritor enviou a amigos, sabe-se que o heterônimo foi médico de profissão e adepto da monarquia. Esteve no Brasil, onde viveu alguns anos. Estudou em colégio de jesuítas, por isso conhecia os poetas clássicos e latinistas. Era conservador e procurava aceitar com serenidade as coisas da vida. Era moreno, magro, curvado e de estatura mediana.

O que os estudiosos ressaltam é que Ricardo Reis tinha como mestre outro heterônimo de Fernando Pessoa, o poeta Alberto Caeiro, a quem destinou alguns de seus escritos, inclusive prefácios para obras de Caeiro.

....

Ismália

ALPHONSUS DE GUIMARAENS

Quando Ismália enlouqueceu,
Pôs-se na torre a sonhar...
Viu uma lua no céu,
Viu outra lua no mar.

No sonho em que se perdeu,
Banhou-se toda em luar...
Queria subir ao céu,
Queria descer ao mar...

E, no desvario seu,
Na torre pôs-se a cantar...
Estava perto do céu
Estava longe do mar...

E como um anjo pendeu
As asas para voar...
Queria a lua do céu,
Queria a lua do mar...

As asas que Deus lhe deu
Ruflaram de par em par...
Sua alma subiu ao céu,
Seu corpo desceu ao mar...

ANÁLISE "Ismália" é um poema para ser lido diversas vezes e em voz alta. Essa é certamente uma boa forma de começar a conhecê-lo, pois há em sua essência um apelo aos sentidos do leitor. Desvendar o que ele solicita pode ser um bom começo para a leitura.

O texto conta a história de Ismália, que vive no alto de uma torre e se joga ao mar. Sua alma vai aos céus em uma pequena narrativa na qual o leitor pode perceber as marcas emocionais da figura feminina. As palavras "enlouqueceu", "sonho", "desvario" e "voar", distribuídas ao longo dos versos, sugerem o seu poder encantatório, quase um convite a sonhar o mesmo sonho de Ismália.

O voo da mulher, associado ao jogo sonoro das palavras, imprime ao texto um caráter próprio. Tem-se a sensação de que o poema nos convida a vivenciar a liberdade conquistada pela personagem. Imaginar a cena e sentir o poder sonoro dos vocábulos é, nesse sentido, uma possibilidade de sonho também para o leitor. Assim, ao longo da leitura somos convidados a observar como a construção poética favorece a reflexão sobre o desejo de escapar da realidade.

Ao realizar a leitura em voz alta, percebemos claramente a marcação rítmica que se dá pela regularidade da pontuação: vírgula, ponto final, reticências. É importante ressaltar que as reticências sempre estão na mesma posição, em todas as estrofes. Ou seja, há uma intenção na cadência do texto. A musicalidade, portanto, é um recurso estilístico.

A repetição das palavras nos diferentes versos colabora para dar ritmo às estrofes, pois lembra um refrão de canção. Essa repetição também constrói um jogo de sentidos, já que expressa a tensão entre o ser e o desejo:

1ª ESTROFE: viu/ viu
2ª ESTROFE: queria/ queria
3ª ESTROFE: estava/ estava
4ª ESTROFE: queria/ queria

Na duplicação, ocorre a oposição entre o que se é e o que se deseja. Na última estrofe, porém, a repetição cessa, e a anáfora* dá lugar às antíteses*: subiu/desceu, céu/mar, que revelam os desejos inconciliáveis de Ismália. O som e o sentido transportam o leitor para o campo das sensações, ao passo que o poema ilustra os desejos de Ismália, que assim podem também ser os nossos. Quem nunca pensou em ter isso e aquilo ao mesmo tempo?

Outro aspecto importante a ser observado na pontuação é sua dimensão semântica*. Os sinais gráficos do poema reforçam a ideia do sonho da mulher. As reticências suspendem a leitura, interrompendo o fluxo de informações sobre Ismália. Por que ela teria enlouquecido, como ela está em seu desvario? O leitor precisa usar sua imaginação para preencher os espaços de silêncio e vazio. Ou seja, ao mesmo tempo que há a suspensão da leitura na presença dos três pontos, há também a autorização para o sonho: cada um que sonhe junto com Ismália!

A presença do som sibilante* — "Ismália", "enlouqueceu", "pôs-se", "sonhar", "céu" — revela a intencionalidade rítmica dos versos e sugere sentidos. Embalada pelos sons do vento, Ismália sonha. E quer voar. Deixar-se ir pelo ar presente na música, no vento que movimenta a maré e transforma a água em onda. O som do vento se materializa na presença do S, que ecoa em todos os versos à maneira do vento que assobia para Ismália e movimenta as ondas do mar. A imagem do som se desenha no papel. A musicalidade se materializa e se funde à imagem do voo.

Os versos curtos e simétricos colaboram para dar ritmo ao poema e reforçar o efeito imagético do texto, que mais sugere do que informa. Portanto, a força da imagem nesse poema é um importante recurso estilístico: Ismália é desenhada na mente do leitor como a mulher que ouve o som do ar e do mar e imita esse som em seu canto.

Ao imaginar o voo de Ismália, o leitor é tocado pelas sensações sugeridas em todo o poema. O verbo "ruflaram", presente na última estrofe, acentua o tom sinestésico*. Ao ser pronunciado, o termo obriga o falante a encher a boca de ar. E a emissão de som é repleta de desejo de impulso. Assim como Ismália quando pula da torre, o leitor se projeta em um voo sonoro.

O vocábulo "ruflaram" é cuidadosamente escolhido, a fim de transportar o leitor a outra instância, a outra realidade. Tem-se a impressão de que essa palavra é a síntese do desejo de Ismália de voar, assim como do desejo do poeta de tornar seu poema pura sensação.

Para ilustrar essa hipótese, observemos as antíteses céu/mar, subir/descer, longe/perto, alma/corpo. A combinação dessas palavras parece revelar os sonhos mais íntimos da mulher e construir seu universo subjetivo. Ou seja, na primeira leitura tem-se a impressão de que o poema narra a história de Ismália, mas, ao observar mais atentamente o arranjo de palavras, percebe-se que se trata de algo mais sutil, pessoal. Como o eu lírico fez isso?

> **» Os significados** possíveis para a palavra "ruflar" são, segundo o *Dicionário Houaiss da língua portuguesa*, "mover-se produzindo rumor semelhante ao da ave que esvoaça, agitar-se produzindo rumor como o da saia comprida que vai rojando pelo chão, soltar som murmurante, encrespar (as asas, as penas) para levantar voo".

Ao se revelar o que Ismália fez naquela noite, tem-se a verdade sobre seus desejos por meio de uma construção poética que materializa as tensões existentes entre a ação e os sentidos. O poema apresenta narração em concomitância à descrição das sensações e, ao usar as antíteses, revela como são ambíguos os desejos da mulher e materializa a tensão entre sentidos, desejo e ação.

Na quarta estrofe, a cisão na estrutura sintática dos primeiros versos confirma essa tensão:

> *E como um anjo pendeu*
> *As asas para voar...*
> *Queria a lua do céu,*
> *Queria a lua do mar...*

O primeiro verso dessa estrofe termina com "pendeu", verbo transitivo direto, que pede complemento. O objeto direto "as asas", termo que completa o significado do verbo anterior, só vai aparecer no segundo verso. Essa relação reforça a cadência sonora da estrofe e a imagem do salto de Ismália. Há nas duas últimas estrofes uma quebra no verso que o torna vinculado ao seguinte, pois depende dele para completar seu significado:

> *E como um anjo pendeu*
> *As asas para voar...*
> [...]

Essa estrutura sintática se repete na última estrofe. A mensagem que tem início em um verso só se completa no seguinte:

> *As asas que Deus lhe deu*
> *Ruflaram de par em par...*
> [...]

A imagem representada é de uma mulher em pleno voo que concretiza seu rompimento com a realidade. A imagem do voo de Ismália se realiza na permanência sonora da aliteração — "**s**ua", "**s**ubiu", "**c**éu", "**s**eu", "de**sc**eu". A imagética e a quebra dos versos se vinculam para reforçar o sentido do poema. O corpo de Ismália é agora pura sensação, e o poema, a cisão entre os sentidos e o mundo real. Corpo e alma estão separados na imagem, mas unidos na musicalidade do poema.

Assim, "Ismália" é a materialização de uma corporeidade. No corpo do texto há a presença do vento, do corpo da mulher que se atira ao desejo e também do corpo dela que se transforma em alma eterna. Na sonoridade, o poeta Alphonsus de Guimaraens consegue se evadir e recuperar a genuína natureza musical das palavras.

....

Afonso Henriques da Costa Guimarães nasceu em 24 de julho de 1870, em Ouro Preto, Minas Gerais. Aos dezessete anos, manifestou claramente sua paixão por uma prima, filha de Bernardo Guimarães, autor de *A escrava Isaura*, e logo ficaram noivos.

Escreveu para ela seus primeiros versos e fez planos para o futuro, por isso se inscreveu no curso de engenharia civil da Escola de Minas. Entretanto, a moça morreu de tuberculose em dezembro de 1888. A perda foi devastadora, e o poeta mudou completamente o rumo de sua vida, acentuando sua personalidade solitária. Abandonou o curso de engenharia e, em 1891, viajou para São Paulo, onde se matriculou na Faculdade de Direito do Largo São Francisco. Ali conheceu outros jovens poetas que o convidaram a frequentar a Villa Kyrial, um casarão no bairro da Vila Mariana onde em clima boêmio aconteciam encontros literários com outros intelectuais da época.

Começou a publicar versos na seção "Parnaso", do jornal *O Estado de S. Paulo*, em que, segundo relato de seu filho, teria criado um pseudônimo para adequar seu nome ao de um poeta que desejava buscar a essência da vida e da morte, dando origem à forma Alphonsus de Guimaraens. Em 1893 é inaugurada a Faculdade Livre de Direito de Minas Gerais, e o poeta decide voltar ao estado onde nasceu para terminar os estudos.

Em visita ao Rio de Janeiro, conheceu o poeta Cruz e Souza, com quem conviveu vários dias. Ao voltar a Minas, trabalhou como promotor de justiça e se casou com Zenaide, com quem constituiu família na cidade de Mariana. De lá saía somente por períodos curtos, o que o levou a ser chamado de "o solitário de Minas".

Morreu em 1921, aos 51 anos. Publicou em vida os livros *Setenário das dores de Nossa Senhora*, *Câmara ardente* e *Dona Mística*, *Kiriale* e *Mendigos*. Muitos de seus poemas foram publicados postumamente, em edição organizada por Alphonsus de Guimaraens Filho.

Sou um evadido

FERNANDO PESSOA

Sou um evadido.
Logo que nasci
Fecharam-me em mim,
Ah, mas eu fugi.

Se a gente se cansa
Do mesmo lugar,
Do mesmo ser
Por que não se cansar?

Minha alma procura-me
Mas eu ando a monte,
Oxalá que ela
Nunca me encontre.

Ser um é cadeia,
Ser eu é não ser.
Viverei fugindo
Mas vivo a valer.

ANÁLISE

"Sou um evadido." Com essa confissão compartilhada pelo eu lírico, é difícil resistir ao diálogo. Ela provoca no leitor o desejo de interlocução, de comunicação poética. A declaração é intrigante e gera muitas questões: por que o sujeito diz isso sobre si mesmo? Do que ele foge? O que se passou com ele?

Nesta leitura, a curiosidade nos guiará no contato com o evadido. Deixemos que ele nos conte.

Para conhecê-lo precisamos saber do seu presente, sem perder de vista que aquilo que ele é resulta das experiências vivenciadas no passado. As projeções que faz para o futuro também carregam informações importantes a respeito de seus valores, preferências e opções. Por tudo isso, a observação dos tempos verbais revela-se uma forma promissora de começar a construir o significado do poema.

Na primeira estrofe, o eu lírico define a si mesmo no presente: "Sou um evadido". Imediatamente depois da primeira aproximação com o texto, tem-se a narração da experiência passada, intimamente relacionada à evasão* anunciada no primeiro verso.

> *Logo que nasci*
> *Fecharam-me em mim,*
> *Ah, mas eu fugi.*

Nos três versos acima, os verbos indicam que estamos diante do relato de ações protagonizadas por diferentes atores. Abre-se então a segunda porta de entrada para a leitura do poema: a observação das pessoas do discurso, ou seja, aquelas cujas ações o eu lírico comenta.

Nos primeiros versos, o sujeito "eu" fica sugerido, mas não aparece:

> (Eu) *Sou um evadido*
> *Logo que* (eu) *nasci*

A seguir, no verso "Fecharam-me em mim", sabemos que há um sujeito para o verbo "fechar", mas não conseguimos identificar quem é.

Aqui, o que salta aos olhos é a posição do ser que sofre a ação verbal: o "eu", sugerido inicialmente, transforma-se em "me", ou seja, sai da condição de sujeito (aquele que pratica a ação) e adota a posição de objeto. Sendo assim, ele não fecha, mas é fechado.

*Fecharam-**me** em mim.*

Podemos notar que a palavra "me", que representa o eu lírico, está presa no meio do verso. A experiência do nascimento, configurada como aprisionamento, representa uma circunstância dramática, marcada por intervenção violenta, causadora de angústia. No entanto, no verso seguinte, temos uma mudança notável de tom:

Ah, mas eu fugi.

A primeira estrofe termina com uma expressão de triunfo. Na fuga, o eu lírico ganha identidade; na evasão, comunicada com um jocoso ar de superioridade, o seu ser se concretiza. É justamente para esse momento que fica guardada a primeira aparição da palavra "eu", que no verso seguinte se transforma em "a gente", de modo que a voz poética já não fala mais apenas de si, mas no geral:

Se a gente se cansa
Do mesmo lugar,
Do mesmo ser
Por que não se cansar?

Incluídos como sujeitos do verbo "cansar", nós leitores somos chamados a pensar junto com o eu lírico sobre a intrigante questão colocada. Por que não nos cansamos da prisão do ser? Por que aceitamos viver presos, fechados, acuados? Ficamos, assim, convidados a aderir ao ponto de vista a favor do qual o evadido argumenta.

Sua vida presente volta a ser descrita na terceira estrofe:

Minha alma procura-me
Mas eu ando a monte,
Oxalá que ela
Nunca me encontre.

Uma questão intrigante surge nesse trecho: a fuga enunciada na primeira estrofe consistiu na separação daquilo que o nascimento havia unido. Numa primeira leitura, pode parecer que a evasão consistia na fuga da alma. No entanto, o primeiro verso da terceira estrofe invalida essa hipótese: "Minha alma procura-me". Evadido, ele não é corpo (representado na primeira estrofe por "em mim" e, na segunda, por "lugar"), tampouco é alma, uma vez que esta o procura. Ser evadido, para ele, implica escapar das definições preconcebidas de corpo (concreto) e de alma (metafísico).

A última estrofe esclarece o porquê do desejo de que sua alma nunca o encontre. Essa união representa a criação de um indivíduo. No nascimento, criou-se um ser único, portanto preso, fechado em si, impossibilitado de ser muitos. Ele se livrou disso ao fugir, e expressa claramente o desejo de se manter evadido e livre da individualidade que outrora já o aprisionara: "Ser um é cadeia". E para o sujeito em questão essa experiência não significa existência: "Ser eu é não ser". A fuga aparece, finalmente, ligada à ideia de futuro: "Viverei fugindo". Fugir de sua alma, e assim de seu aprisionamento, é a condição para que o futuro se concretize. Só sendo muitos é que ele conseguirá ser.

No último verso, a palavra "mas" (em "Mas vivo a valer") anuncia que o final dessa conversa reserva uma informação que contraria as expectativas. Ora, desde o ponto de vista do evadido, viver fugindo não tem conotação* negativa, não implica viver mal. Livre da prisão da personalidade e portanto desfrutando da multiplicidade, ele estará em condições de viver intensamente. Na fuga libertadora é que ele "vive a valer".

Nossas impressões iniciais se confirmam. Aquele sujeito que enunciou de chofre "Sou um evadido" tinha, de fato, questões intrigantes para compartilhar. Analisando o discurso apresentado por ele sobre sua vida, fomos levados a um caminho interpretativo que nos fez compreender que estamos diante de um sujeito para quem a possibilidade de ser muitos é condição para que a vida valha a pena.

O poema traz uma chave para a compreensão do poeta. Multiplicando-se, Fernando Pessoa deu vida a seus heterônimos, e nas vozes de cada um deles podemos encontrar, também, a expressão de distintos desejos. É claro que o que caracteriza uma "vida a valer" varia de acordo com quem a deseja. Acabamos de entrar em contato com a representação de um eu lírico criado por Fernando Pessoa ele mesmo. Seus heterônimos nos levam a conhecer concepções diferentes das do evadido, quando não conflitantes com ela, do que seja uma vida que vale a pena viver. Percorrer esses caminhos e encontrar esse coro de vozes nos dá a certeza de que estamos diante das criações de um dos maiores poetas da modernidade.

» ***"Fernando Pessoa ele mesmo"*** ou "Fernando Pessoa ortônimo*" são formas usadas para designar a produção que Fernando Pessoa atribuiu a si mesmo, e não a seus heterônimos.

» ***Os heterônimos são os outros seres*** em que Fernando Pessoa se multiplicou. São poetas e prosadores que apresentam outra identidade, diferente da do criador. Cada um deles possui biografia, características físicas, traços de personalidade, formação cultural, profissão e ideologia. Em nota preliminar a *Ficções do interlúdio*, que reúne os poemas completos de Alberto Caeiro, as odes de Ricardo Reis e os poemas de Álvaro de Campos, Fernando Pessoa adverte o leitor acerca da diversidade dos poetas ali publicados:

> *Por qualquer motivo temperamental que não me proponho analisar, nem importa que analise, construí dentro de mim várias personagens distintas entre si e de mim, personagens essas a que atribuí poemas vários que não são como eu, nos meus sentimentos e ideias, os escreveria.*
>
> *Assim têm esses poemas de Caeiro, os de Ricardo Reis e os de Álvaro de Campos que ser considerados. Não há que buscar em quaisquer deles ideias ou sentimentos meus, pois muitos deles exprimem ideias que não aceito, sentimentos que nunca tive. Há simplesmente que ler como estão, que é aliás como se deve ler.**

O seguinte fragmento da carta de Fernando Pessoa ao amigo e crítico literário Adolfo Casais Monteiro, em que são descritas características de Alberto Caeiro, Ricardo Reis e Álvaro de Campos, traz elementos importantes para a compreensão do fenômeno da heteronímia.

> Construí-lhes as idades e as vidas. Ricardo Reis nasceu em 1887 (não me lembro do dia e mês, mas tenho-os algures), no Porto, é médico e está presentemente no Brasil. Alberto Caeiro nasceu em 1889 e morreu em 1915; nasceu em Lisboa mas viveu quase toda a sua vida no campo. Não teve profissão nem educação quase alguma. Álvaro de Campos nasceu em Tavira, no dia 15 de outubro de 1890 [...]. Este, como sabe, é engenheiro naval (por Glasgow), mas agora está aqui em Lisboa em inatividade. Caeiro era de estatura média, e, embora realmente frágil (morreu tuberculoso), não parecia tão frágil como era. Ricardo Reis é um pouco, mas muito pouco mais baixo, mais forte, mais seco. Álvaro de Campos é alto (1,75m de altura, mais 2 centímetros do que eu), magro e um pouco tendente a curvar-se. Cara raspada todos — o Caeiro, louro, sem cor, olhos azuis; Reis, de um vago moreno mate; Campos, entre branco e moreno, tipo vagamente de judeu português, cabelo, porém, liso e normalmente apartado ao lado; monóculo. Caeiro, como disse, não teve mais educação que quase nenhuma — só instrução primária; morreram-lhe cedo o pai e a mãe, e deixou-se ficar em casa, vivendo de uns pequenos rendimentos. Vivia com uma tia velha, tia-avó. Ricardo Reis, educado em um colégio de jesuítas, é, como disse, médico; vive no Brasil desde 1919, pois se expatriou espontaneamente por ser monárquico, um latinista por educação alheia e um semi-helenista por educação própria. Álvaro de Campos teve uma educação vulgar de liceu; depois foi mandado para Escócia estudar engenharia, primeiro mecânica e depois naval. Numas férias fez a viagem ao Oriente de onde resultou o "Opiário". Ensinou-lhe o latim um tio beirão que era padre.
>
> Como escrevo em nome desses três?... Caeiro por pura e inesperada inspiração, sem saber ou sequer calcular que iria escrever. Ricardo Reis depois de uma deliberação abstrata, que subitamente se concretiza numa ode. Campos quando sinto um súbito impulso para escrever e não sei o quê. [...] Caeiro escrevia mal o português, Campos razoavelmente, mas com lapsos como dizer "eu próprio" em vez de "eu mesmo", etc. Reis melhor do que eu, mas com um purismo que considero exagerado. [...]**

★ Fernando Pessoa. *Obra poética*. Organização de Maria Aliete Galhoz. Rio de Janeiro: Nova Aguilar, 1995, p. 199.
★★ Fernando Pessoa. *Escritos íntimos, cartas e páginas autobiográficas*. Organização de António Quadros. Lisboa: Europa-América, 1986, p. 199.

» Um pequeno exercício, dentre tantos outros possíveis, para demonstrar a riqueza dos heterônimos de Pessoa, seria contrastar o que cada um deles possivelmente classificaria como "viver a valer", no entendimento de que, se possuem ideias e sentimentos próprios, não raro contraditórios, e quase sempre distintos dos do ortônimo, é natural que seus textos manifestem diferentes concepções do que seriam vida, valores, plenitude, felicidade etc.

Nesse sentido, selecionamos amostras em que vozes poéticas criadas por Alberto Caeiro, Ricardo Reis e Álvaro de Campos expressam suas concepções sobre o que seria "viver a valer".

No seguinte trecho de O*des de Ricardo Reis*, a ideia de viver plenamente está associada à plenitude e à grandeza das ações:

> *Para ser grande, sê inteiro: nada*
> *Teu exagera ou exclui.*
> *Sê todo em cada coisa. Põe quanto és*
> *No mínimo que fazes,*
> *Assim em cada lago a lua toda*
> *Brilha, porque alta vive.*

Para o eu lírico de "O guardador de rebanhos", de Alberto Caeiro, a "vida a valer" está no cotidiano: cada uma das ovelhas de seu rebanho e todas elas ao mesmo tempo, o pôr do sol, a nuvem, o silêncio.

> *E se desejo às vezes,*
> *Por imaginar, ser cordeirinho*
> *(Ou ser o rebanho todo*
> *Para andar espalhado por toda a encosta*
> *A ser muita cousa feliz ao mesmo tempo),*
> *É só porque sinto o que escrevo ao pôr do sol,*
> *Ou quando uma nuvem passa a mão por cima da luz*
> *E corre um silêncio pela erva fora.*

Para a voz poética de "Passagem das horas", de Álvaro de Campos, estar "vivo a valer" significa acumular experiências, sentir em profusão, "ser tudo de todas as maneiras".

> *Trago dentro do meu coração,*
> *Como num cofre que se não pode fechar de cheio,*
> *Todos os lugares onde estive,*
> *Todos os portos a que cheguei,*
> *Todas as paisagens que vi através de janelas ou vigias,*
> *Ou de tombadilhos, sonhando,*
> *E tudo isso, que é tanto, é pouco para o que eu quero.*

Fernando Antônio Nogueira Pessoa nasceu em Lisboa, Portugal, em 13 de junho de 1888. Ficou órfão de pai aos cinco anos. Viúva, sua mãe se casou dois anos depois com um militar que atuava como cônsul em Durban, na África do Sul, para onde a família se mudou.

Fernando Pessoa viveu ali por dez anos, tornando-se fluente em inglês, língua falada naquele país e na escola britânica em que estudou. Voltando para Portugal, em 1905, reencontrou a língua portuguesa e aderiu a ela como língua pátria. Trabalhou como correspondente estrangeiro e tradutor, antes de começar a publicar seus textos literários.

Em 1912 publicou seu primeiro artigo, "A nova poesia portuguesa sociologicamente considerada", na revista *Águia*, a qual era considerada o órgão da Renascença Portuguesa, movimento artístico e cultural com o qual o poeta se identificava. No ano de 1915 é lançada a revista *Orpheu*, que revelou o movimento modernista em Portugal e provocou reações intensas do público conservador. No primeiro número, Fernando Pessoa publicou "O marinheiro: Drama estático de um quadro" e Álvaro de Campos, um de seus heterônimos, saiu-se com dois poemas, "Opiário" e "Ode triunfal". Em junho de 1915 foi lançado o segundo e último número da revista. Ainda que tenha tido vida curta, a publicação desempenhou um papel relevante na história da literatura portuguesa. O período seguinte é marcado por intensa atividade dos heterônimos e pela publicação de poemas em inglês ("Antinous", "35 Sonnets", "English poems" I, II e III), mas só em 1934 publica *Mensagens*, seu único livro de poemas em português publicado em vida. Faleceu em 30 de novembro de 1935, em decorrência de uma grave crise hepática.

Em 1942, a editora Ática, de Lisboa, inicia a publicação das *Obras poéticas de Fernando Pessoa*. O volume inclui a poesia de Fernando Pessoa, ele mesmo (*Mensagem*, "À memória do presidente-rei Sidónio Pais", "Quinto império" e *Cancioneiro*), as *Ficções do interlúdio*, em que estão publicados os poemas dos heterônimos Alberto Caeiro, Ricardo Reis e Álvaro de Campos, além do poema "Para além de outro oceano de C[oelho] Pacheco", os poemas dramáticos, as poesias colididas e as quadras ao gosto popular. Em 1982, é publicado o *Livro do desassossego*, atribuído ao semi-heterônimo Bernardo Soares.

A valsa

CASIMIRO DE ABREU

Tu ontem
Na dança
Que cansa,
Voavas
Co'as faces
Em rosas
Formosas
De vivo,
Lascivo
Carmim;
Na valsa
Tão falsa,
Corrias,
Fugias,
Ardente,
Contente,
Tranquila,
Serena,
Sem pena
De mim!

Quem dera
Que sintas
As dores
De amores
Que louco
Senti!
Quem dera
Que sintas!...
— Não negues,

Não mintas...
— Eu vi!...

Valsavas:
— Teus belos
Cabelos,
Já soltos,
Revoltos,
Saltavam,
Voavam,
Brincavam
No colo
Que é meu;
E os olhos
Escuros
Tão puros,
Os olhos
Perjuros
Volvias,
Tremias,
Sorrias
P'ra outro
Não eu!

Quem dera
Que sintas
As dores
De amores

Que louco
Senti!
Quem dera
Que sintas!...
— Não negues,
Não mintas...
— Eu vi!...

Meu Deus!
Eras bela,
Donzela,
Valsando,
Sorrindo,
Fugindo,
Qual silfo
Risonho
Que em sonho
Nos vem!
Mas esse
Sorriso
Tão liso
Que tinhas
Nos lábios
De rosa,
Formosa,
Tu davas,
Mandavas
A quem?!

Quem dera
Que sintas
As dores
De amores
Que louco

Senti!
Quem dera
Que sintas!...
— Não negues,
Não mintas...
— Eu vi!...

Calado,
Sozinho,
Mesquinho,
Em zelos
Ardendo,
Eu vi-te
Correndo
Tão falsa
Na valsa
Veloz!
Eu triste
Vi tudo!
Mas mudo
Não tive
Nas galas
Das salas,
Nem falas,
Nem cantos,
Nem prantos,
Nem voz!

Quem dera
Que sintas
As dores
De amores
Que louco
Senti!

*Quem dera
Que sintas!...
— Não negues,
Não mintas...
— Eu vi!

Na valsa
Cansaste;
Ficaste
Prostrada,
Turbada!
Pensavas,
Cismavas,
E estavas
Tão pálida
Então;
Qual pálida
Rosa
Mimosa
No vale*

*Do vento
Cruento
Batida,
Caída
Sem vida
No chão!

Quem dera
Que sintas
As dores
De amores
Que louco
Senti!
Quem dera
Que sintas!...
— Não negues,
Não mintas...
Eu vi!...*

ANÁLISE A leitura do poema "A valsa" nos conduz a um elegante salão de baile, visto pelos olhos enciumados de um jovem. Cavalheiro e dama dançam e se divertem "nas galas das salas", enquanto um rapaz os observa e sofre com o que vê. É possível abrir algumas portas para espiar essa cena e entender as "dores de amores" que ela causa.

Podemos começar pela observação da dança. O padrão básico da valsa é passo-passo-espera. Respeitando os três tempos, o casal desliza pelo salão, executando os giros que caracterizam o ritmo e lhe dão nome (a palavra "valsa" vem do alemão "waltzen", que significa girar, deslizar). Logo na primeira estrofe, percebe-se que o valsar não é comedido:

> *Tu ontem*
> *Na dança*
> *Que cansa,*
> *Voavas*
> *Co'as faces*
> *Em rosas*
> *Formosas*
> *De vivo,*
> *Lascivo*
> *Carmim;*
> *Na valsa*
> *Tão falsa,*
> *Corrias,*
> *Fugias,*
> *Ardente,*
> *Contente,*
> *Tranquila,*
> *Serena,*
> *Sem pena*
> *De mim!*

A moça parece voar, tamanha a intensidade dos rodopios. Trata-se de uma dança "que cansa" e que tinge as faces da mulher de um vermelho "vivo" e "lascivo". Sendo assim, o passo-passo-espera da valsa acontece de forma acelerada e impetuosa. A jovem mostra desenvoltura: está "Contente,/ Tranquila,/ Serena,/ Sem pena" daquele que, sofrendo, a observa.

Assim como o casal dança no salão, as palavras dançam no papel. No poema, o ritmo da valsa é traduzido por meio da alternância de sílabas fortes e fracas. Esse jogo rítmico se dá pelo encadeamento de versos:

*Tu, **on**tem/ Na d**an**ça/ Que c**an**sa,/ Vo**a**vas*

O giro das sílabas fortes e fracas corresponde ao passo-passo-espera da dança. A valsa das palavras materializa-se diante do leitor em versos que descrevem o sentimento daquele que, em silêncio, observa o bailar da amada. Para compreender melhor o que se passa com ele, podemos abrir outra porta: a do contexto histórico e social.

"A valsa" integra *Primaveras*, único livro de poemas de Casimiro de Abreu, publicado em 1859. À época da publicação, o Rio de Janeiro

> » ***A epígrafe*** de *Primaveras*, tomada do poeta italiano Pietro Metastasio, esclarece que, se a primavera é a "juventude do ano", a juventude é a "primavera da vida". É justamente esse o tema que Casimiro de Abreu mais explorou: a juventude. Seu poema mais conhecido, "Meus oito anos", revela uma visão idealizada da infância. Depois do paraíso perdido, passada a "aurora da vida", vem a juventude, repleta de inseguranças, dúvidas, decepções, receios e tensões. Dentre as tensões mais exploradas, está a dificuldade em conciliar o sentimento amoroso com a expressão da sexualidade. As damas e os cavalheiros de seus poemas são pessoas de fino trato, mas não raro perdem o recato e se deixam levar pelo desejo de concretizar o amor. No entanto, segundo o professor e crítico Antonio Candido, essa tensão é disfarçada pelo aspecto convencional do texto. "Talvez por isso Casimiro de Abreu tenha atraído tanto as moças, que encontravam na sua obra força do sexo sem ofensas às convenções."★
>
> ★ Antonio Candido. *O Romantismo no Brasil*. São Paulo: Humanitas, 2004, p. 55.

era a sede da corte de Dom Pedro II, e portanto era o centro de difusão de hábitos e costumes das cortes europeias. Opondo-se às províncias, a capital fluminense "vivia uma febre de bailes, concertos, reuniões e festas".² O jovem Casimiro de Abreu vivenciou esse choque quando, adolescente, deixou o interior e foi morar no Rio de Janeiro. A vida na corte, repleta de eventos culturais e sociais, de luxo e de diversão, exerceu forte impacto sobre ele.

» *Além de* "A valsa", os poemas "Segredos", "Visão" e "O baile" também têm como tema os bailes da corte.

Bailes e serões constituíam as principais diversões da corte. A valsa era um dos ritmos que se costumava executar nesses eventos. Ainda que fosse considerada elegante quando dançada de forma comedida, podia despertar certa reticência nos mais conservadores, dado o inevitável contato físico entre os dançarinos. Caso fosse executada de forma calorosa e ardente, a dança exporia as damas da corte a uma situação incompatível com o comedimento e a elegância próprios dos salões. No romance *Senhora*, de José de Alencar, autor contemporâneo de Casimiro de Abreu, a reflexão do narrador acerca da maneira como a protagonista valsa com seu marido durante uma recepção "das mais brilhantes que então se davam na corte"³ ilustra o incômodo da sociedade de então com os efeitos voluptuosos da valsa:

> É realmente a desfolha da mulher, a despolpa de sua beleza e de sua pessoa, o que a valsa impudica faz no meio da sala, em plena luz, aos olhos da turba ávida e curiosa. As senhoras não gostam da valsa, senão pelo prazer de sentirem-se arrebatadas no turbilhão. Há uma delícia, uma voluptuosidade pura e inocente nessa embriaguez da velocidade. Aos volteios rápidos, a mulher sente nascerem-lhe as asas, e pensa que voa; rompe-se o casulo de seda, desfralda-se a borboleta.⁴

---

2. Lilia Moritz Schwarcz. *As barbas do imperador: Dom Pedro II, um monarca nos trópicos*. São Paulo: Companhia das Letras, 1998, p. 111.

3. José de Alencar. *Senhora: Perfil de mulher*. Ministério da Cultura, Fundação Biblioteca Nacional, Departamento Nacional do Livro, p. 100.

4. Idem, ibid., p. 106.

» ***Além de ter se dedicado*** ao romance indianista, José de Alencar destacou-se como autor de romances urbanos. Nessas obras, Alencar traça um painel da vida na corte e analisa questões delicadas daquele contexto social. Os enredos tratam basicamente de questões amorosas e exploram as crises de valores da sociedade que retratam.

Esse é o caso de *Senhora*, romance protagonizado por Aurélia Camargo, moça pobre e órfã de pai, noiva de Fernando Seixas. Movido pelo desejo de ascender rapidamente na escala social, Seixas rompe o noivado com ela para se casar com outra moça, cujo dote era mais atraente. Tempos depois, Aurélia herda uma fortuna e se torna uma das damas mais atraentes e cortejadas da corte. Como vingança, manda que um dote milionário seja oferecido a Seixas, sem que ele saiba a procedência da oferta, a qual só seria revelada no dia do casamento.

Seixas aceita. Eles se casam, mas na noite de núpcias Aurélia revela-lhe seu rancor e desprezo. Ambos vivem como estranhos. No entanto, perante a sociedade, comportam-se como um casal feliz. Durante esse período de falsas aparências, Seixas se arrepende do que fez e trabalha arduamente para acumular a quantia equivalente ao que havia recebido por ocasião do acordo para o casamento. Ao longo desse processo, percebe-se verdadeiramente apaixonado por Aurélia. Quando finalmente devolve-lhe o dinheiro, ela revela seu amor.

Nesse trecho em que se analisa o efeito do valsar, fica evidente a convicção de que a dança, impetuosa e lasciva, constituía um perigo para as moças casadoiras que frequentavam os salões de baile. Essa concepção permeia, também, os versos do poema "A valsa", escrito em 1858, apenas dezessete anos antes de *Senhora*. Ao dizer que a moça "voava" na dança "que cansa", o eu lírico sugere que o casal bailava com entusiasmo e velocidade. As palavras "ardente" e "lascivo" indicam que havia, entre os dançarinos, um clima de sedução. Na terceira estrofe, a palavra "já" reforça a ideia de que a moça perde a compostura.

Valsavas:
— Teus belos
Cabelos,
Já *soltos,*
Revoltos,
Saltavam,

Pode-se inferir* que, no início do baile, a moça apresentava um penteado bem cuidado. No entanto, dada a intensidade dos giros, os cabelos já não se mantinham alinhados, mas caíam-lhe ao colo. Aos olhos do eu lírico, a jovem se entrega aos prazeres da dança, desalinha-se nos braços de outro homem e, ao final, encontra-se "cansada", "prostrada", "turbada", como quem chega ao êxtase.

Ao longo de todo o poema, a dor causada pela visão dessa dança tão voluptuosa é expressa na estrofe que se repete. Vale a pena observar mais detidamente a força desses versos:

> *Quem dera*
> *Que sintas*
> *As dores*
> *De amores*
> *Que louco*
> *Senti!*
> *Quem dera*
> *Que sintas!...*
> *— Não negues,*
> *Não mintas...*
> *— Eu vi!*

A estrofe é citada pela primeira vez depois de o eu lírico confessar que se sentia digno de pena (final da primeira estrofe: "Sem pena/ de mim"), e ao longo de todo o poema ela será repetida, sempre depois de trechos que explicam as causas do sofrimento e justificam o desejo de que a moça passe pelo que ele está passando, conforme podemos observar nos seguintes trechos:

Os olhares e sorrisos da moça se dirigiam a um homem que não era ele	Sorrias/ P'ra outro/ Não eu!
	Mas esse/ Sorriso/ Tão liso/ Que tinhas/ Nos lábios/ De rosa,/ Formosa,/ Tu davas,/ Mandavas/ A quem?!
Ele se sentia impotente diante do fato	Mas mudo/ Não tive/ Nas galas/ Das salas,/ Nem falas,/ Nem cantos,/ Nem prantos,/ Nem voz!
Declara que os embalos da dança deixaram a mulher exausta e desalinhada, tal qual uma rosa despetalada pelo vento	Qual pálida/ Rosa/ Mimosa/ No vale/ Do vento/ Cruento/ Batida,/ Caída/ Sem vida / No chão!

 À medida que narra a evolução da cena, o eu lírico reforça, por meio da repetição, a vontade de que a jovem sofra por amor: "Quem dera/ Que sintas/ As dores/ De amores/ Que louco/ Senti!". O rapaz prageja: "Eu vi!". Nessa revelação, ele se espelha nela e projeta o desejo de que ela sinta o que ele sentiu.

 Assim termina o baile. Girou o casal, giraram as sílabas fortes e fracas e fica expresso o desejo de que os giros da vida, as voltas que o mundo dá, transformem em sofredor o ser que faz sofrer.

....

Casimiro José Marques de Abreu nasceu em 1839, no distrito de Barra de São João, Rio de Janeiro. Era filho de um rico fazendeiro e negociante. Viveu em sua cidade natal até 1849, quando se mudou para Nova Friburgo, a fim de estudar humanidades. Antes de concluir o curso, foi para o Rio de Janeiro, por exigência do pai, para trabalhar no comércio. Permaneceu ali até 1852. No ano seguinte partiu com o pai para Lisboa.

Durante a temporada europeia, travou contato com os escritores Alexandre Herculano e Camilo Castelo Branco, dedicou-se à literatura e chegou, inclusive, a ver sua peça *Camões e o Jau* representada no Teatro Dom Fernando. Doente, retornou ao Brasil em 1857. Trouxe consigo os manuscritos de suas "Canções do exílio", que, em conjunto com outros poemas produzidos no Brasil, compuseram o livro *Primaveras*, publicado em 1859, com apoio financeiro do pai. Faleceu no ano seguinte, aos 21 anos, vítima de tuberculose.

Casimiro de Abreu correspondeu às expectativas de seu tempo. Os temas que abordava, o ritmo cantante de seus versos e a simplicidade da sua expressão fizeram dele um poeta muito lido e muito declamado.

. . . .

A ideia

AUGUSTO DOS ANJOS

De onde ela vem?! De que matéria bruta
Vem essa luz que sobre as nebulosas
Cai de incógnitas criptas misteriosas
Como as estalactites duma gruta?!

Vem da psicogenética e alta luta
Do feixe de moléculas nervosas,
Que, em desintegrações maravilhosas,
Delibera, e depois, quer e executa!

Vem do encéfalo absconso que a constringe,
Chega em seguida às cordas do laringe,
Tísica, tênue, mínima, raquítica...

Quebra a força centrípeta que a amarra,
Mas, de repente, e quase morta, esbarra
No mulambo da língua paralítica!

ANÁLISE Desde o princípio, o poema de Augusto dos Anjos se apresenta como uma tarefa desafiadora. Primeiro o leitor se depara com uma questão — de onde vem a ideia? — o que o obriga a refletir junto com o eu lírico. Depois, as palavras usadas na composição são raras, de difícil entendimento, e não colaboram para a formulação imediata de uma resposta.

O tema é a investigação da origem da ideia. "De onde ela vem, afinal?!", pergunta-se a voz poética, declarando primeiro seu questionamento — expresso pelo uso da interrogação — e, em seguida, sua perplexidade que transporta para a linguagem poética por meio da exclamação. Depois apresenta suas hipóteses. O desfecho do poema produz a impactante imagem da ideia que se restringe no ato da fala, sugerindo assim que nosso pensamento está submetido à estrutura física da boca e à origem das palavras. Assumindo essa tese, somos levados a aceitar que, para se ler esse poema, é preciso investigar o vocabulário usado no texto, sua significação e sua relação com o universo abordado pelo poema.

Essa maneira de ler o poema desnuda o caráter metalinguístico do texto. Ao investigar as ideias contidas nas palavras que compõem o poema, estamos dando início a um processo de autorreflexão, pois para entender a linguagem do poema é preciso estudar seu próprio código; trata-se de linguagem sobre linguagem. É preciso investigar como se dá o arranjo das palavras selecionadas e que efeito ele provoca na construção de significado; onde o poeta foi buscá-las e o que havia de especial com o vocabulário escolhido para que ele resolvesse utilizá-lo.

> » **Metalinguagem** é a função da linguagem que descreve ou tematiza a linguagem verbal e outras linguagens.

Comecemos pela escolha do léxico*: o eu lírico fez uso de substantivos próprios de disciplinas como geologia, anatomia, astronomia e psicologia: "nebulosas", "criptas", "estalactites", "gruta", "psicogenética", "moléculas", "encéfalo", "laringe", "língua". Esse rol de palavras tem a intenção de explicar cientificamente "de onde ela [a ideia] vem?", pergunta colocada logo abaixo do título, no início do primeiro verso. Cada uma dessas palavras carrega um sentido original, que remete a seu universo de origem, seu significado literal. Porém, a forma como são arranjadas no poema não favorece a compreensão imediata dos vocábulos. Vejamos a primeira estrofe:

A **ideia**

*De onde **ela** vem?! De que matéria bruta*
*Vem **essa luz** que sobre as nebulosas*
Cai de incógnitas criptas misteriosas
Como as estalactites duma gruta?!

A palavra "essa" estabelece a relação entre "ideia" e "luz", criando a imagem metafórica de que ideia é luz:

Ideia → ela → essa luz

A leitura nos faz pensar primeiramente que essa luz vem de uma matéria bruta que está acima das nuvens e que cai em forma de "criptas", "estalactites". Por analogia, se a luz cai como as estalactites de uma gruta, a ideia também passa pelo mesmo processo. Percebe-se que o vocabulário científico está a serviço da criação de imagens, e não de seu sentido literal. A estrofe ainda não oferece respostas e termina com um ponto de interrogação.

As duas próximas estrofes começam com a mesma palavra, "vem", que provoca uma expectativa no leitor: será que o poema revela de onde vem a ideia?

Na segunda estrofe, há o apelo à psicologia e à biologia: "psicogenética" e "moléculas", sugerindo que a ideia é o resultado de uma ação psíquica, química e biológica. Como esses termos têm origens diferentes, pode-se considerar que vivem em tensão, em luta, conforme cita o próprio poema. Essa tensão também insinua movimento e ação, criando a imagem de uma teia nervosa que faz lembrar as sinapses descritas pela ciência moderna:

» **Segundo** o *Dicionário Houaiss da língua portuguesa*, sinapse significa, para os estudos da fisiologia, "local de contato entre neurônios, onde ocorre a transmissão de impulsos nervosos de uma célula para outra".

> *Vem da psicogenética e **alta luta***
> *Do feixe de moléculas **nervosas**,*
> *Que, em **desintegrações maravilhosas**,*
> ***Delibera**, e depois, **quer e executa**!*

O primeiro terceto também descreve poeticamente o movimento e a ele se associa a palavra "absconso", cujo significado é "oculto, misterioso".

> *Vem do encéfalo **absconso** que a constringe,*
> *Chega em seguida às cordas do laringe,*
> ***Tísica**, **tênue**, **mínima**, **raquítica**...*

O primeiro verso da estrofe acima favorece a leitura de um jogo de significados: o encéfalo é escondido, por isso produz ideias raquíticas, sem força; ou ela vem do encéfalo escondido e, ao chegar às cordas vocais, torna-se "tísica, tênue, mínima, raquítica"?

Assim, em uma leitura mais curiosa e instigante, pode-se entender que o encéfalo, por estar escondido, é obscuro, enigmático. Devido a essas propriedades, a ideia que vem de lá se torna, também, sombria e de difícil compreensão. A imagem sugere que ela não é entendida nem mesmo pela mente que a produz. Por outro lado, pode ser que sejam a garganta e a língua a oprimirem-lhe a voz. Testemos essa hipótese.

A última estrofe revela a imagética da limitação pela qual a ideia passa até se materializar. Os verbos sugerem que, na trajetória da cabeça à boca, ela passa de matéria inorgânica a ser vivo, sentindo os efeitos do contorno do corpo que a contém. A ideia chega à boca impossibilitada de comunicação, pois está represada pela língua paralítica que lhe estanca a vida:

> ***Quebra** a força centrípeta que a **amarra**,*
> *Mas, de repente, e quase morta, **esbarra***
> *No mulambo da língua paralítica!*

Se o poema todo foi constituído por imagens, temos que considerar uma possibilidade diferente para o desfecho. A que língua ele se refere? À que fica na boca e que depende de todos os outros órgãos do aparelho fonador para agir? Ou ao código linguístico pelo qual nos comunicamos?

O uso dos termos científicos está associado ao sentido denotativo* das palavras, o que pode revelar a intenção do autor de explicar literalmente de onde ela vem, o que faz da linguagem científica o caminho para a resolução da questão. Mas no último verso aparece um termo que escapa completamente ao grupo de palavras escolhidas: "mulambo". O vocábulo não provém da linguagem científica, é uma expressão coloquial usada pelo povo para fazer referência a farrapo, trapo ou a pessoa fraca, sem caráter.

A língua da ciência esbarrou na língua popular. Essa constatação nega a hipótese inicial de nossa leitura. Não será somente pela ciência formal que se vão descobrir as verdades ainda escondidas, incógnitas. E mais: a poesia é feita pela linguagem culta, mas contém também a popular. A incorporação de "mulambo" ao poema quebra o ritmo imposto pelos termos científicos e obriga a língua a se movimentar de outra forma na boca, como veremos a seguir, com a questão: como se materializa nesse poema a língua da poesia?

Em primeiro lugar, é preciso notar que o espaço das palavras é aqui delimitado pela forma do soneto. A voz poética está restrita às quatro estrofes e à medida decassílaba, já que todos os versos têm dez sílabas. A outra limitação se concretiza na sonoridade das palavras, pois existe a recorrência dos sons consonantais que interrompem a saída natural do ar, fazendo da língua uma trava para a emissão do som, como vemos na lista a seguir:

> *Matéria bru**t**a,*
> *Incógni**t**as **c**rip**t**as misteriosas*
> *Es**t**ala**ct**ites*
> ***Gr**u**t**a*
> *Psi**c**ogené**t**ica e alta luta*
> *Desintegração*

> *Execu**ta***
> ***C**onstringe*
> ***T**ísica*
> ***T**ênue*
> ***R**aquí**ti**ca*
> ***Q**ue**br**a a força centrípeta*
> ***D**e **r**epente*
> ***M**or**t**a*
> ***P**aralí**ti**ca*

 A repetição desses sons concretiza um efeito estético. Em outras palavras, a voz poética usa a linguagem científica e a forma poética para o mesmo fim: explicar que nossas ideias estão além do código verbal e que nossa expressão está além de nossa língua. Na escolha das palavras, em concomitância com a forma como foram arranjadas, reside uma mensagem estética que transporta a leitura para múltiplos significados.

 O sentido das palavras escolhidas propõe a reflexão sobre a ciência e a poesia, revelando que a língua verbal pode oprimir a ideia, conforme o uso do código. Por outro lado, a leitura em voz alta do soneto concretiza a dificuldade de pronunciar os termos escolhidos. A posição da língua na boca, de acordo com a necessidade exigida pelas consoantes, pode prender ou soltar a língua. Por exemplo, em "tísica, tênue, mínima, raquítica" o ar é contido pela posição da língua, o falante imprime força entre ela e o céu da boca. Já em "mulambo" o ar se solta livremente e a língua parece até ajudar, com seu movimento circular, a expulsá-lo. Há que se considerar a radicalidade da escolha do poeta, já que o termo descrito no dicionário é "molambo", com O. O autor escolheu a forma falada — com U — e não a registrada no dicionário. Parece que a língua livre é aquela dita pelo povo.

 A obra de Augusto dos Anjos despertou, e ainda desperta, grande curiosidade em seus leitores. Isso porque apresenta um estilo único, que traz palavras e temas inusitados para o gênero poético. É comum o autor recorrer ao vocabulário científico a fim de criar imagens chocantes. Em um de seus sonetos mais famosos, "Psicologia de um vencido", ele descreve a impotência do homem frente à força destruidora da morte, representada pela ação dos vermes. Em razão de seu estilo singular, o poeta é por vezes chamado de "maldito", característica dos autores que só falam de morte e têm uma visão funesta da vida. Há os que o interpretaram como pessimista, outros dizem que sua obra é o reflexo imediato de uma alma torturada.

Entretanto, é preciso cautela com rótulos e generalizações. As circunstâncias de produção dos poemas, o momento histórico e social em que Augusto dos Anjos viveu e as correntes estéticas que podem tê-lo influenciado são fatores que não devem ser desconsiderados por aqueles que buscam compreender seus textos.

> » ***Essa visão*** sobre o autor é rebatida por Ademar Vidal, em seu livro *O outro EU de Augusto dos Anjos*. O livro é um relato do período em que foi aluno do poeta. Conta, ainda, que era vizinho da família do autor e por isso foi testemunha de sua intimidade.
>
> Em seu livro, o autor desenha o perfil do poeta como um homem alegre, empolgado com as notícias publicadas no jornal, estudioso e, como professor, muito acolhedor. Relata a relação amorosa que mantinha com a mãe e os irmãos e também com a jovem esposa.

O início do século XX foi um período especialmente frutífero no que diz respeito à produção de conhecimento. Importantes descobertas científicas foram feitas e modificaram para sempre a imagem que o homem tinha sobre sua própria condição: Charles Darwin publicou sua Teoria da Evolução, Freud formulou a psicanálise, Einstein apresentou a física quântica, surgiam o dirigível e o motor a gasolina, descobertas fundamentais da biologia e da medicina levaram à cura da tuberculose, da varíola e de outras doenças transmissíveis. No Brasil, viviam-se os primeiros anos do regime republicano, e Augusto dos Anjos testemunhou esse importante momento.

Na poesia, o Parnasianismo começava a cair em desuso e a estética simbolista ganhava força entre os artistas. O romance de Flaubert, *Madame Bovary*, fazia enorme sucesso, e de Émile Zola circulava *Germinal*, no qual o autor abordava a crise ética do seu tempo e, assim como Flaubert, apresentava uma nova maneira de expressão. Pode-se ter uma ideia de quão agitado e instigante foi o período em que Augusto dos Anjos viveu. Ele certamente não passou alheio a tudo isso.

Foi um homem de seu tempo e soube não só ler, mas também articular o conhecimento proveniente de tantas fontes. O poeta entendeu o momento em que vivia e transformou-o em informação estética. "A ideia" ilustra essa potencialidade, pois revela a consciência do autor sobre os mecanismos da linguagem. Além disso, demonstra que a arte literária — antes de ser fruto da inspiração — provém do trabalho com a linguagem verbal.

Augusto dos Anjos nasceu em 1884, no engenho do Pau d'Arco, na Paraíba. Embora nascido em uma família abastada, sua infância foi marcada pelo declínio financeiro do pai, o que obrigou a família a deixar o engenho em que vivia. A partir de 1901, publicou poemas em O comércio, jornal de João Pessoa, na época chamada Paraíba. Mais tarde, ingressou na faculdade de direto, em Recife, onde ficou até 1907, ano em que começou a ministrar aulas particulares. Formado, retornou a João Pessoa, e lá se tornou professor de literatura do Liceu Paraibano. Casou-se em 1910 e se mudou para a cidade do Rio de Janeiro, cidade na qual continuou a trabalhar como professor. O único livro publicado em vida, EU, totalmente financiado pelo irmão do poeta, saiu em 1912. Mais tarde, mudou-se para Leopoldina, Minas Gerais, onde morreu de pneumonia em 1914.

Círculo vicioso

MACHADO DE ASSIS

Bailando no ar, gemia inquieto vaga-lume:
"Quem me dera que fosse aquela loura estrela,
Que arde no eterno azul, como uma eterna vela!"
Mas a estrela, fitando a lua, com ciúme:

"Pudesse eu copiar o transparente lume,
Que, da grega coluna à gótica janela,
Contemplou, suspirosa, a fronte amada e bela!"
Mas a lua, fitando o sol, com azedume:

"Mísera! tivesse eu aquela enorme, aquela
Claridade imortal, que toda a luz resume!"
Mas o sol, inclinando a rútila capela:

"Pesa-me esta brilhante auréola de nume…
Enfara-me esta azul e desmedida umbela…
Por que não nasci eu um simples vaga-lume?"

ANÁLISE » O poema "Círculo vicioso" apresenta um interessante vaivém de vozes que põem em pauta um tema muito explorado por Machado de Assis: a identidade. Ao discorrer sobre a grande ocorrência desse assunto na produção machadiana, o professor e crítico literário Antonio Candido lista algumas perguntas exploradas com frequência pelo autor: "Quem sou eu? O que sou eu? Em que medida eu só existo por meio dos outros? Eu sou mais autêntico quando penso ou quando existo? Haverá mais de um ser em mim?".[5] Nossa leitura evidenciará que alguns desses questionamentos estão presentes também neste poema.

Dez dos catorze versos do soneto acolhem discursos de indivíduos que reconhecem no outro algo que lhes faz falta e por isso desejam ser o outro, ou como ele, ou ainda possuir algumas características dele. São cinco vozes em uma interação dinâmica de duas dimensões: a dos discursos citados (do vaga-lume, da estrela, da Lua e do Sol) e a do que os cita (o eu lírico). Um estudo atento de cada uma dessas presenças e da relação

» **A produção poética** de Machado de Assis se concentra em quatro obras: *Crisálidas*, *Falenas*, *Americanas* e *Ocidentais*. "Círculo vicioso" faz parte de *Ocidentais*. Os poemas que compõem a obra foram publicados em revistas, entre 1878 e 1880. Em livro, foram publicados na última parte de *Poesias completas*, em 1901. A crítica aponta quatro tipos de poesia em *Ocidentais*: poesia reflexiva, de celebração, narrativa e traduções. "Círculo vicioso" faz parte do grupo de poemas reflexivos, assim como "Soneto de Natal", "Suave mari magno", "Mundo interior", "No alto" e "A mosca azul".

» **O professor** e crítico literário Antonio Candido de Mello e Souza é autor de uma obra crítica extensa, tida como referência para os estudantes de literatura no Brasil e no exterior. É professor emérito da faculdade de filosofia da Universidade de São Paulo, professor emérito da Faculdade de Ciências e Letras de Assis (Universidade Estadual Paulista) e doutor honorário da Universidade Estadual de Campinas.

» **Além do poema** "Círculo vicioso", os contos "O espelho" e "O Alienista", e os romances *Dom Casmurro* e *Esaú e Jacó* são bons exemplos de que o autor explorou com afinco a questão da identidade.

---

5. Antonio Candido. "Esquema de Machado de Assis". In: *Vários escritos*. Rio de Janeiro: Ouro Sobre Azul, 2004, p. 23.

entre elas possibilita a análise de um diálogo repleto de significados, apesar de sua aparente simplicidade.

Observemos o discurso do vaga-lume:

> Bailando no ar, gemia inquieto vaga-lume:
> "Quem me dera que fosse aquela loura estrela,
> Que arde no eterno azul, como uma eterna vela!"

A expressão inicial, "Quem me dera que fosse...", revela a projeção de si mesmo no outro, naquele que o vaga-lume deseja ser. A seleção de palavras empregadas para comunicar esse anseio deixa entrever que o processo de autopercepção se dá pelo reconhecimento e pela valorização de características de outrem. Para ele, a estrela "arde" no "eterno azul". Arder é mais que brilhar, mais que reluzir. É uma palavra com um forte apelo sinestésico, que potencializa o adjetivo "eterno", repetido duas vezes no mesmo verso, ora para caracterizar o espaço onde a estrela arde ("que arde no eterno azul"), ora para qualificar o objeto com o qual ela é comparada ("como uma eterna vela"). Além do destaque dado à intensidade do astro, duas oposições ficam sugeridas no discurso do vaga-lume: a intermitência de seu próprio brilho em contraposição à constância do brilho da estrela (ao ressaltar que tudo nela é eterno, fica sugerida a insatisfação por ele estar e não estar, aparecer e desaparecer) e a sua mobilidade em contraposição à localização fixa dela (ele está "inquieto", "bailando no ar", enquanto a estrela está fixa no "eterno azul", onde ele gostaria de estar).

Para a estrela, todavia, não bastam os atributos que o vaga-lume admira e cobiça. Não satisfeita com sua luz eterna e constante, ela deseja ser capaz de inspirar amantes através dos tempos:

> "Pudesse eu copiar o transparente lume,
> Que, da grega coluna à gótica janela,
> Contemplou, suspirosa, a fronte amada e bela!"

O ser apaixonado, representado no discurso da estrela pela metonímia* "fronte", suspira em decorrência de um estado de alma que a Lua inspira. Frontes amadas e belas olham para o espaço à procura do "transparente lume" da Lua, quer nos tempos da "grega coluna", quer nos tempos da "gótica janela" — uma clara alusão à constância do gesto dos apaixonados, em contraposição à variância de concepções artístico-culturais vigentes ao longo da história.

A estrela é uma entre tantas. Não é ela que os apaixonados procuram; não é ela que inspira o amor. A voz deste astro expressa insatisfação por sua falta de exclusividade. A Lua, em sua singularidade, é o eterno centro das atenções. O discurso enciumado da estrela ressalta o desejo de um reconhecimento conferido ao outro astro.

Desconhecendo o ciúme que desperta e desprezando o espaço privilegiado que ocupa, a Lua utiliza o adjetivo "mísera" para caracterizar a si mesma:

> "Mísera! tivesse eu aquela enorme, aquela
> Claridade imortal, que toda a luz resume!"

Assim ela se percebe: reduzida, miserável, sem valor ou importância diante do Sol, o ser que ela toma por referência. O vaga-lume expressou o desejo de *ser* a estrela; esta, de *copiar* a Lua. A Lua, por sua vez, quer *ter* algo que reconhece no outro como seu grande atributo: a claridade enorme e imortal. O reconhecimento da imortalidade da luz do Sol conduz à percepção de sua transparência. Justamente aquilo que se configurou como objeto de desejo da estrela é o que a Lua rejeita em si. A condição de "transparente lume" inclui um período de apagamento e essa ausência é a responsável pelo azedume que marca seu discurso. Ela vê o Sol como a síntese da luz, que passa por ela e se vai.

Nas palavras da Lua, o Sol resume toda a luz. Examinando atentamente os quatro discursos, nota-se que o astro sintetiza, também, todas as projeções, todos os anseios: é constante e estável, como quer ser o vaga-lume; é o centro das atenções, como anseia ser a estrela; é possuidor da claridade enorme e imortal que a Lua gostaria de ter. A insatisfação do Sol consiste exatamente na concentração de tantos atributos. O discurso dele é marcado por termos que ressaltam o cansaço e o mal-estar decorrentes de sua condição de astro-rei.

> *"Pesa-me esta brilhante auréola de nume...*
> *Enfara-me esta azul e desmedida umbela...*
> *Por que não nasci eu um simples vaga-lume?"*

Incomoda-o a constância de seu brilho e de sua realeza, a "brilhante auréola de nume" da qual não pode escapar; enfara-lhe a imobilidade, o fato de estar sempre presente no céu infinito, a "azul e desmedida umbela" que o acoberta. O peso de sua majestade se materializa, também, na pontuação: as reticências sugerem frases inacabadas, pronunciadas com vagar, por um ser sem ânimo nem energia. A percepção de sua vida pesada e enfadonha, o cansaço por ser quem é e por reunir qualidades tão marcantes conduzem ao questionamento revelador de uma insatisfação intensa: "Por que não nasci eu um simples vaga-lume?".

A projeção do desejo de ser outro ou de possuir qualidades que se destacam no outro obedecia, até a penúltima estrofe do poema, a uma gradação* ascendente: o vaga-lume se projetou na estrela, a estrela se projetou na Lua, a Lua se projetou no Sol. O Sol rompe essa lógica ao expressar, na chave de ouro*, o desejo de ser o elemento base da cadeia, o mais distante dele: "um simples vaga-lume". Configura-se, dessa forma, o círculo vicioso que dá nome ao poema.

Observando os atributos mais valorizados nessa ciranda de desejos, nota-se que o "simples vaga-lume" é, na realidade, um ser extremamente complexo: ele, como o Sol, também reúne atributos desejados por todos os demais. É capaz de atrair as atenções, como deseja a estrela; tem luz própria, como anseia a Lua; tem a capacidade de estar presente e ausente, de aparecer e de desaparecer, de estar em toda parte e de sair de toda parte, numa existência dinâmica, como sonha o enfadado Sol.

A leitura atenta das vozes orquestradas no poema deixa entrever os questionamentos que marcam a obra machadiana e ressalta que dentro de cada um há a presença do outro, apontando lacunas, ressaltando fragilidades, oferecendo elementos para a construção de desejos, evidenciando, enfim, a circularidade das relações humanas.

....

Joaquim Maria Machado de Assis nasceu no Rio de Janeiro, em 1839. Em 1854, com apenas quinze anos, começou a trabalhar em uma tipografia e, nesse mesmo ano, teve seu primeiro poema publicado em um periódico. Aos vinte, começou a escrever com regularidade críticas teatrais e textos de outros gêneros. De 1872 a 1878, publicou obras que, de acordo com a crítica, constituem a primeira fase de sua produção: os romances *Ressurreição*, *A mão e a luva*, *Iaiá Garcia* e *Helena*; as coletâneas de contos *Contos fluminenses* e *Histórias da meia-noite*; as coletâneas de poemas *Crisálidas*, *Falenas* e *Americanas*, e as peças *Os deuses de casaca*, *O protocolo*, *Queda que as mulheres têm para os tolos* e *Quase ministro*.

Em 1880, publicou o romance *Memórias póstumas de Brás Cubas*, obra que é considerada um divisor de águas na trajetória do autor. Também constituem a segunda fase da produção de Machado de Assis os romances *Quincas Borba*, *Dom Casmurro*, *Esaú e Jacó* e *Memorial de Aires*; as coletâneas de contos *Papéis avulsos*, *Várias histórias*, *Páginas recolhidas* e *Relíquias da casa velha*, além da coletânea de poemas *Ocidentais*. Em 1896, foi convidado para dirigir a primeira sessão preparatória da fundação da Academia Brasileira de Letras, a qual presidiu até morrer, em 1908.

....

Mais luz!

ANTERO DE QUENTAL

A Guilherme de Azevedo

> Lasst mehr Licht hereinkommen!
> Últimas palavras de Goethe

Amem a noite os magros crapulosos,
E os que sonham com virgens impossíveis,
E os que se inclinam, mudos e impassíveis,
À borda dos abismos silenciosos...

Tu, Lua, com teus raios vaporosos,
Cobre-os, tapa-os e torna-os insensíveis,
Tanto aos vícios cruéis e inextinguíveis
Como aos longos cuidados dolorosos!

Eu amarei a santa madrugada,
E o meio-dia, em vida refervendo,
E a tarde rumorosa e repousada.

Viva e trabalhe em plena luz: depois,
Seja-me dado ainda ver, morrendo,
O claro Sol, amigo dos heróis!

ANÁLISE

O caminho escolhido para a leitura do soneto "Mais luz!" nos foi sugerido pela epígrafe, que transcreve a suposta frase de Goethe que, em português, quer dizer: "Deixem entrar mais luz". Que possíveis relações Antero de Quental estabeleceu entre a frase e seu poema? Que significado ele atribuiu à fala de Goethe? Decididas a seguir essa pista, baseamos nossa análise tanto no próprio texto como naquilo que está a sua volta, ou seja, aquilo para que apontam as informações que o acompanham.

Comecemos pela dedicatória. O poema é dirigido ao poeta Guilherme de Azevedo, que dedicou a Antero seu livro *A alma nova*, de 1873. Os dois criticavam, em seus artigos para jornais e revistas, os poetas românticos que abandonaram as questões coletivas em favor das individuais. Defendiam a premissa de que todos deveriam lutar em favor dos direitos sociais e nacionais e reprovavam os exageros praticados pelos poetas individualistas. A poesia, segundo eles, não deveria estar a serviço dos sofrimentos íntimos; antes, deveria servir à transformação, à revolução moral e social.

As informações sobre o que pensavam esses autores colaboram para nossa leitura, na medida em que sugerem o tema de "Mais luz!". Podemos pensar que o poema trata do fazer poético e também do que significava ser poeta naquele momento cultural. A forma enfática como o título está apresentado pode ser destinada àqueles a quem os dois faziam oposição. Tomemos essa como uma hipótese inicial.

Passamos então à epígrafe com as supostas últimas palavras de Goethe. Segundo relato de biógrafos, o escritor alemão teria pedido em seu leito de morte que "deixassem entrar mais luz" pelas janelas.

» ***Jornalista e poeta***, Guilherme de Azevedo publicou artigos sobre política e literatura nos jornais de sua época. Esteve com Antero de Quental nas Conferências do Cassino, evento cultural que discutia política, filosofia e literatura.

» ***Goethe*** nasceu em 28 de agosto de 1749, em Frankfurt, Alemanha, e morreu em 22 de março de 1832, em Weimar, naquele mesmo país. Suas obras marcaram profundamente a produção do período romântico.

Embora não seja possível classificá-lo como um autêntico representante do Romantismo, pode-se dizer que Goethe influenciou autores pertencentes a esse movimento. Sua obra é certamente um marco na literatura universal, pois influenciou toda a geração romântica. Em *Os sofrimentos do jovem Werther*, uma personagem angustiada é levada a cometer suicídio, sugerindo uma postura pessimista diante da vida. Os chamados ultrarromânticos* expressam posturas semelhantes em suas obras.

Antero não cita trechos nem personagens da obra de Goethe. Apropria-se, isso sim, de uma frase dita pelo escritor, algo extraído não da literatura, mas da biografia do mestre alemão. Em nossa leitura, o que nos importa é determinar a relação entre o universo simbólico sugerido pela citação e o poema. Além disso, que sentidos transcendem a sua unidade de construção. Interessa-nos observar como se dá o diálogo entre os pontos de vista expressos nos diferentes textos, considerando sua contribuição para a reflexão sobre o que está dentro do poema e fora dele, ou seja, a leitura de sua imanência* e transcendência*.

A leitura global do poema confirma a presença de um diálogo. Nota-se a alusão a diferentes pessoas ao longo das três primeiras estrofes. Respectivamente, o texto poético se refere aos "magros crapulosos" — correspondente a "eles" —, à Lua — correspondente a "tu" — e a si mesmo — "eu". Na estrofe final retomam-se essas partes.

> » *Em 1861*, Antero de Quental publicou um livro chamado *Sonetos de Anthero*. No prefácio, o autor justifica sua preferência pela forma rígida do soneto. Essa seria a forma perfeita para a expressão do lirismo puro, aquele que expressa o sentimento íntimo que não se explica. Diz ainda que o poeta deve usar uma forma adequada para exprimir o que é inexplicável. O prefácio continua esclarecendo que o soneto tem unidade, por isso é uma forma simples. Falando sobre um único tema, cada estrofe revela uma faceta do assunto central. E, para completar, há no final a "chave de ouro", versos que sintetizam o que se quer dizer. Assim, cada parte colabora para a construção do todo. Segundo o autor, o soneto expressa a simplicidade da alma e sua forma possui a perfeição, pois traduz o inexprimível.

Voltemos ao título. O ponto de exclamação pareceu-nos a princípio exprimir uma vontade quase convocatória, já que "luz", palavra imprescindível à mensagem do texto, antecipa o jogo dia/noite, Sol/Lua. Essa imagem, associada à epígrafe, anuncia um dos possíveis temas do texto. Goethe teria dito em sua agonia final "Deixem entrar mais luz", indicando o jogo presença/ausência de vida. A epígrafe nos leva para fora do poema, ao sugerir a morte, tema muito explorado pela arte poética e também pela filosofia. Mas pode também nos remeter a seu interior, por meio do jogo semântico das palavras que será trabalhado ao longo do poema e de que trataremos a seguir.

Na primeira estrofe, há palavras cujo sentido indica negação ou ausência: "impossíveis", "impassíveis", "silenciosos". Esses adjetivos colaboram para a representação do universo dos que vivem situações extremas, tais como os poetas ultrarromânticos, para quem a morte era tema frequente. A repetição do termo "e os que" contribui para fazer a diferença entre "eu" e "outros", oposição muito marcada no poema.

> » *A primeira publicação* de "Mais luz!" ocorreu em 1865, no livro *Odes modernas*. A obra é considerada um marco, pois contém o germe de uma nova literatura portuguesa, distinta da de seus contemporâneos românticos. Com sua poesia, o autor retoma questões literárias e também filosóficas. Seu texto está a serviço da evolução moral. Conforme cita Antonio Sérgio, prefaciador da primeira edição, o livro traz o "máximo de humanidade" e a "afirmação da luz", iluminação de ideias e ideais.
>
> » *A repetição* inicial de palavras ou termos é uma figura de linguagem chamada *anáfora*.

Amem a noite os magros **crapulosos**,
E os que sonham com virgens **impossíveis**,
E os que se inclinam, mudos e **impassíveis**,
À borda dos abismos silenciosos...

A segunda estrofe continua com "insensíveis", "inextinguíveis", "dolorosos", configurando o mesmo campo de significado das palavras:

Tu, Lua, com teus raios vaporosos,
*Cobre-os, tapa-os e torna-os **insensíveis**,*
*Tanto aos vícios cruéis e **inextinguíveis***
*Como aos longos cuidados **dolorosos**!*

A esse grupo se unem os substantivos "crapulosos", "abismos", "vícios". Do ponto de vista semântico, tem-se a impressão de que os sujeitos desses verbos são insensíveis à dor ou ao cuidado. Falta-lhes a luz da sabedoria, ou a consciência. Dessa forma, as duas primeiras estrofes se completam. Mas é importante ressaltar que há diferenças, já que se referem a pessoas distintas. Inicialmente são citados os homens — poetas sonhadores? —, em seguida é evocada a Lua.

Observamos, no primeiro verso, o mesmo tom convocatório ao qual já nos referimos:

Amem a noite os magros crapulosos,

O eu lírico chama os poetas sonhadores de "magros crapulosos", o que confirma nossa ideia de que ele se refere aos poetas ultrarromânticos. Nesse verso ele os convoca à observação da Lua. Já na segunda estrofe, ele passa a conclamar o próprio corpo celeste:

Tu, Lua, com teus raios vaporosos,
Cobre-os, tapa-os e torna-os insensíveis,
Tanto aos vícios cruéis e inextinguíveis
Como aos longos cuidados dolorosos!

O eu lírico apela para ela, atribuindo aos seus "raios vaporosos" a responsabilidade pela transformação daqueles citados na primeira estrofe: os magros crapulosos, as virgens impossíveis e os que se inclinam, mudos e impassíveis, à borda dos abismos silenciosos. Com esse recurso, o tempo-espaço do poema fica delimitado. A noite aparece como o momento da transmutação.

A terceira estrofe é marcada pela mudança de tom. O emissor volta-se a si mesmo e passa a fazer uma revelação intimista quanto ao futuro.

> ***Eu amarei*** *a santa madrugada,*
> *E o meio-dia, em vida refervendo,*
> *E a tarde rumorosa e repousada.*

A palavra "amarei" acentua a tensão, pois ela deixa de dirigir-se aos outros e volta-se a si mesma. A noite e a escuridão estão destinadas aos outros poetas, e ao eu lírico abrem-se novas possibilidades. Ou melhor, ele abre para si todas elas. Primeiro, santifica a "madrugada"; depois, faz referver o "meio-dia" e, adiante, faz da "tarde" um momento repousante. A repetição do "e" sugere potencial de vida, na medida em que parece confirmar o desejo de amar. A tonalidade mais positiva se opõe à negatividade das duas primeiras estrofes e o aspecto noturno dá lugar à luminosidade.

Na terceira estrofe, o poema continua a se dirigir a alguém. A quem?

> ***Viva e trabalhe*** *em plena luz: depois,*
> ***Seja-me*** *dado ainda ver, morrendo,*
> *O claro Sol, amigo dos heróis!*

Há o perfil de uns na primeira estrofe, de outros na segunda. Na terceira, a presença do pronome "me" aponta para uma voz poética que fala sobre si mesma. Assim, são três as faces que se unem para versar sobre um mesmo tema. Resta-nos saber qual a chave de ouro*. Ou, ainda, a que se referem os diferentes pontos de vista apresentados ao longo do poema.

A última estrofe tem início com os verbos "viva" e "trabalhe", o que provoca um estranhamento inicial, na medida em que se pode entender que há um apelo ao destinatário. Ou seja, pode-se crer que há uma sugestão ética para o leitor, uma convocatória:

Viva e trabalhe [...]
Seja-me [...]

Nesse ponto, os verbos indicam um desejo que o poeta tem para si mesmo: (que eu) "viva e trabalhe em plena luz".

Esses verbos lembram àqueles personagens a quem o poeta se dirigia inicialmente que há uma alternativa para o futuro, pois significam força, potência de vida. Essas palavras levam a leitura para um sentido oposto ao das primeiras estrofes, pois indicam vida e não mais morte. Assim, o desfecho parece criticar os sonhadores, pois há possibilidade, "luz" — metáfora ligada à ação, ao conhecimento e à transcendência.

A pontuação reforça a mudança do tom, alterando o ritmo. Os dois-pontos e as vírgulas contribuem para a mudança do discurso, minimizando a força de um certo ar de prosa* que se impunha até então. Ao exigir mais pausas durante a leitura, a pontuação atualiza o caráter poético do texto. Dessa maneira, a lírica se destaca com relação à retórica. Pode estar aí um caminho para a "solução" do poema, a chave de ouro do soneto.

Por outro lado, a posição da palavra "morrendo" no conjunto dos versos torna ambígua a classificação de seu sujeito. Quem está morrendo, o "claro Sol" ou quem fala? Esse deslocamento volta nossa observação para a construção do soneto e, ao mesmo tempo, sugere ao leitor relações que extrapolam a sua estrutura. O que a morte do eu lírico ou do "claro Sol" sugere?

Na medida em que se acentua a intertextualidade entre Guilherme de Azevedo, Goethe, o Romantismo e a tendência realista de Antero de Quental, potencializa-se o caráter polissêmico de "Mais luz!". Há possibilidades de leitura tanto daquilo que é próprio do poema — ou seja, sua composição —, como das relações que o poema trava com as correntes estéticas de sua época. Assim, há dois aspectos a serem observados: a natureza do poema — sua imanência — e as relações que estão sugeridas na intertextualidade — sua transcendência.

O fechamento do poema é a síntese das partes. Há os que buscam o amor nos sonhos impossíveis, nos abismos silenciosos. E outros buscam acolhimento na Lua. Parece então que há uma eterna busca de alento para o homem que se reconhece humano e, portanto, finito e mortal.

Mas há os que, mesmo reconhecendo sua condição, transcendem essa limitação olhando o movimento do tempo, vinculando-se ao dia, à noite e à vida. A ideia do "claro Sol", aquele que ilumina e esclarece, pode ser lida como representação da experiência concreta do viver. Há uma superação inscrita nessa sugestão, já que consagra a possibilidade do exercício da vontade. Em seu livro *Tendências gerais da filosofia na segunda metade do século XIX*, de 1889, Antero reafirma sua convicção na unidade de diversos pontos de vista para que haja a evolução moral. Diz ele:

> *É uma prova da superioridade do espírito moderno o poder conter em si, sendo uno, uma tal variedade de contrastes. O que seria da civilização moderna, se todas as inteligências entrassem no mesmo molde e como que se cristalizassem numa forma definitiva? Desceria ela para logo ao nível das civilizações inferiores e simplistas.*

A citação acima colabora para a reflexão proposta no início de "Mais luz!". O poema oferece uma leitura em si mesma, pois apresenta uma unidade de sentido e procedimentos de construção. Mas deixar de lado as ideias que acompanham o contexto de escrita seria empobrecer as referências citadas pelo autor.[6] Voltemos ao poema.

A leitura da palavra "morrendo" desperta nossa percepção para a finitude da vida, condição humana inexorável. Esse pode ser o tema central do poema, já que ao longo do texto a experiência de vida e morte é constantemente problematizada.

---

6. Algumas edições suprimem a epígrafe, o que desfavorece a leitura das intencionalidades do autor.

Mas há que se ir além: a visão realista de que estamos fadados ao desaparecimento pode ser negativa ou positiva. Há os que veem a morte como o fim, e portanto como um fator negativo. Haveria aí uma referência aos poetas ultrarromânticos, antecessores de Antero de Quental? Por outro lado, há os que creem que a vida é uma oportunidade de iluminação, na medida em que podem conhecer a si mesmos e a todos da sociedade em que estão inseridos.

Talvez seja essa a contribuição de "Mais luz!" para a concretização do projeto estético e também filosófico de Antero de Quental.

Antero de Quental nasceu em Ponta Delgada, no arquipélago dos Açores, Portugal, em 1842. Aos dezesseis anos mudou-se para Coimbra, onde estudou direito e se envolveu com movimentos políticos de orientação socialista. Em 1861 publicou seus primeiros sonetos. Sua obra logo passou a defender a revolução social. Depois da publicação de *Odes modernas*, em 1865, participou de uma das mais importantes polêmicas de Portugal. O intelectual Castilho fez severas críticas a sua obra e a Teófilo Braga, também poeta. Como resposta, Antero lançou um artigo chamado "Bom senso e bom gosto", que desencadeou o episódio designado Questão Coimbrã, em que um grupo de jovens autores — Eça de Queiroz, Ramalho Ortigão e Antero de Quental principalmente — se opunha à estética romântica e pregava uma revolução de costumes e valores sociais. Esse grupo ficou conhecido como a Geração de 70, aquela que fez severas intervenções sociais e impulsionou a estética realista em Portugal.

Ao longo da vida, Antero participou ativamente de movimentos operários e esteve envolvido em discussões políticas a respeito do papel de Portugal na Península Ibérica. Publicou *Sonetos de Anthero*, em 1861, *Odes modernas*, em 1865, *Primaveras românticas*, em 1871, e *Sonetos completos*, em 1886. Dedicou-se também à escrita de textos filosóficos, produzindo materiais para revistas e jornais. No começo de 1889, Eça de Queiroz, que dirigia a *Revista de Portugal*, convidou Antero a publicar suas reflexões filosóficas, o que resultou no livro *Tendências gerais da filosofia na segunda metade do século XIX*. Suicidou-se em 11 de setembro de 1891.

O CANTO DAS MUSAS:
canções e récitas

PÉRICLES CAVALCANTI

▶▶ GÊNESE DAS COMPOSIÇÕES

Parte de meu trabalho como compositor tem se caracterizado por trazer para o universo da música popular poemas antes restritos à poesia escrita. Foi assim, por exemplo, com "Elegia", canção que fiz a partir do poema "Elegy: going to bed", do inglês John Donne (1572-1631); com "Nuvolleta", que compus a partir de trecho do livro de prosa poética *Finnegan's Wake*, de James Joyce; e com o "Poema cauda" ("Tail poem"), de Lewis Carroll, traduzidos pelo poeta Augusto de Campos.

Em todos os casos, o que me moveu foi menos o consagrado valor literário dos textos, e mais o que neles havia de próximo ao universo da música popular, da canção, daquilo que pode ser cantado. Mais próximo, em resumo, da tradição oral. E, ainda, o que neles já parecia cantar.

Não foi diferente o critério que usei na seleção dos poemas musicados que compõem este livro, de uma lista prévia (todos de domínio público) sugerida por Aline Evangelista Martins e por Lídia Chaib.

Muitas vezes, a minha escolha inicial era uma e, no final, no momento de musicar, acabava mudando de opinião. Entre os poemas de Augusto dos Anjos, "O morcego" era minha primeira opção, por sua estranheza e singularidade, mas foi como se "A ideia" já cantasse aos meus ouvidos por si só, o que proporcionou uma fluência natural para a entoação resultante do texto.

Há casos em que a fluência própria do texto é evidente, como em "A valsa", de Casimiro de Abreu, que já tem no próprio título e na divisão rítmica dos versos uma sugestão musical, algo fundamental para a composição de uma canção. Nesse caso em particular, minha escolha do texto foi ainda facilitada pelo fato de a poesia romântica, parnasiana e simbolista ser uma fonte de influência sobre os compositores populares brasileiros até pelo menos a primeira metade do século xx (que se pense no grande Orestes Barbosa, de "Chão de estrelas").

Muitas vezes essa simbiose entre a tradição poética e a canção popular brasileira é tão grande que a aproximação com o poema "musicável" se dá inversamente. Assim aconteceu com a escolha de "Tirana", parte do poema mais longo "Os escravos", de Castro Alves, que, de cara, me lembrou uma composição de que gosto muito desde criança, do grande Ary Barroso, "Por causa desta cabocla", e foi assim que, nela, naturalmente, o poeta baiano pareceu cantar pra mim.

Em "I-Juca Pirama", que a princípio não estava nos meus planos, vi (ou *ouvi*) a possibilidade de utilizar elementos do estilo hip-hop (de que o rap faz parte), como programações de bateria eletrônica, no tratamento dessa narrativa mítica e longa. Esses mesmos elementos foram usados em "Nasce o Sol e não dura mais que um dia", de Gregório de Matos, mas desta vez para conferir um tipo de gravidade circunspecta, para ser expressa por vozes em coro, que este belo poema filosófico invoca. Vale lembrar que Gregório de Matos já teve seu "Triste Bahia" musicado brilhantemente por Caetano Veloso.

Por um lado, a possibilidade de usar várias vozes, dessa vez separadamente, também foi fundamental na consideração, na escolha e na escuta de "Círculo vicioso", de Machado de Assis, que, por outro lado, sugeria implicitamente uma circularidade harmônico-rítmica e uma certa recorrência melódica.

"Eles verdes são", de Luís Vaz de Camões, foi, entre todas, a escolha mais imediata e límpida, pedindo para ser cantado à maneira de uma suave balada pop, próxima do estilo da primeira década da dupla Roberto e Erasmo Carlos.

Muitos dos poemas que constavam da primeira lista de textos para o livro, e mesmo dentre os que finalmente foram escolhidos na seleção final, não eram conhecidos por mim. Foi o caso de "Eles verdes são", de Camões, e "Mais luz!", de Antero de Quental, maravilhoso libelo iluminista que, para mim, naturalmente, soou com a eloquência característica de uma música folk, ou uma canção de protesto escrita por um Bob Dylan classicista e solar.

O soneto "Nel mezzo del camin...", de Olavo Bilac — no estilo de poema que meu pai amava, conhecia e até, eventualmente, escrevia (e que está entre os que eu nunca havia lido) —, me impressionou de imediato por sua semelhança com uma letra de samba-canção, subgênero também conhecido como samba abolerado ou, "canção de fossa", tão comum no início dos anos 1950, e que teve em Antônio Maria, de "Ninguém me ama", um de seus maiores compositores.

De outro modo, "Ismália", de Alphonsus de Guimaraens, bonito poema mórbido que li no ginásio, antes que eu conhecesse bem os exuberantes sambas cariocas de Cartola e Nelson Cavaquinho, insinuou-se para os meus ouvidos e para o meu entendimento como lhes sendo aparentado.

Por fim, quanto a "Sou um evadido" e "Lídia", de Fernando Pessoa, único a ter dois poemas nesta antologia cantada (o segundo sob o heterônimo de Ricardo Reis), minha escolha foi orientada por razões e caminhos diferentes. O incrível "Sou um evadido", único poema modernista nesta coleção, um rebento do inesgotável baú de escritos do poeta, se impôs imediata e irresistivelmente como um blues autêntico, como se escrito por um imigrante (com formação erudita) no delta do rio Mississippi, segundo alguns o berço do blues americano, tal a linguagem cruamente pessoal e radicalmente confessional de sua letra. Características, aliás, presentes também no fado, principal gênero popular português.

Já em "Lídia", de que não me lembrava conhecer, vi e ouvi a possibilidade e a naturalidade, do ponto de vista temático, de aproximar essa bela evocação à poesia grega clássica da inspiração lírica da bossa nova, nosso principal movimento modernista em música popular e também a principal influência, via João Gilberto, sobre a minha geração.

Quanto aos nomes das canções, mantive, em geral, os dos poemas, mesmo quando só utilizei uma parte do texto (como no caso de "I-Juca Pirama"). Em outros, já que a canção é um outro objeto, adaptei o título. Foi o caso de "Olhos verdes", originalmente "Eles verdes são". Outras vezes extraí um nome do primeiro verso: assim aconteceu com "Lídia" e "Evadido", de Fernando Pessoa, e com "Nasce o Sol", sobre o soneto de Gregório de Matos.

⏭ NOTAS SOBRE AS GRAVAÇÕES

Imagino que será interessante para o leitor e ouvinte deste livro de textos e vozes conhecer alguns aspectos relevantes da realização das gravações que ouvirão no disco *O canto das musas — Canções e récitas*. Por esse motivo vou comentá-las aqui.

No caso das faixas "A ideia", "I-Juca Pirama" e "Nasce o Sol" — todas compostas a partir de programações de bateria eletrônica posteriormente associadas a linhas de baixo e às quais foram, depois, somados outros instrumentos e a própria melodia, com seus temas principais e refrões —, a presença de Arícia Mess foi fundamental. Na primeira, a voz dela contrapõe, repetindo um refrão, a minha entoação recitativa do poema. Na segunda, além de protagonizar a melodia principal, ela ainda sugeriu uma voz apenas falada mesclada ao refrão e os coros. Em "Nasce o Sol", como sua voz timbra bem com a minha, soando por isso complementar, sugeri que dobrássemos o tema principal, em contraposição ao coro agudo das vozes de Tulipa e Juliana Kehl, no refrão. E como o timbre brilhante de Tulipa soa lindamente no final!

Fundamentais nestas três gravações foram também as participações de Guilherme Held, que criou belamente com suas guitarras tanto a frase de apelo bélico que sustenta o refrão de "I-Juca Pirama", como as deliciosas afro-polirritmias de "Nasce o Sol". Décio 7, com suas intervenções percussivas e sugestões de uso de instrumentos específicos, enriqueceu o "universo pulsante" das gravações de modo geral e, em especial, o da canção "Mais luz!", em que sugeriu a inclusão da percussão eletrônica. Isso, somado ao violino genuinamente *bluesy* de Atílio Marsiglia, determinou o tom da faixa, afastando-a de seu formato inicial — um estilo próximo do folk, a princípio imaginada sem percussão — e aproximando-a do blues.

Em "Nel mezzo del camin", destaque para a presença de Marcelo Monteiro, que faz, com seu sax soprano, um lindo dueto com a voz de Leo Cavalcanti na segunda parte do arranjo. Destaque também, é claro, para a presença do próprio Leo, que, além de solar a canção, criou e cantou os coros que a acompanham. O arranjo acabou por aproximar mais do que eu podia imaginar esse samba-canção de uma bossa nova. Em "A valsa", outra faixa em que sola, foi também de Leo a sugestão de fazermos uma gravação com variações de andamento e expressividade, para que o texto e a própria melodia — longos e muitas vezes repetitivos — fossem pontuados e sublinhados, criando uma dinâmica particular. As belas intervenções do violino de Atílio e da sanfona de Gabriel Levy deram a essa gravação uma atmosfera musical cigana.

A sanfona do mesmo Gabriel, mais a flauta de Marcelo e as baixelas de Décio armaram, no samba-choro "Tirana", a cama perfeita para a bonita e original plasticidade melódica da voz de Péri. Toda a doçura e o lirismo de um baiano cantando o poema de outro baiano.

O timbre denso e a ótima extensão vocal de Juliana Kehl caracterizam a sua interpretação de "Ismália", o que fica mais do que evidente nos vocalizes que ela criou para o arranjo e que o sax barítono de Marcelo Monteiro dobra, num registro bem mais grave. O som do barítono, mais a maneira peculiar com que Tatá Aeroplano diz-cantando o texto, fazem a diferença na parte do poema que aparece como um *intermezzo* em forma de rap, contrastando com a sinuosidade lenta e melódica da outra parte.

Em "Círculo vicioso", é a partir da personalidade musical diferente de cada um dos intérpretes — Tatá, Tulipa, Juliana e Leo — que os temas melódicos se desenvolvem sobre uma base, rítmica e harmônica, circular, percussivamente valorizadas pelo derbak[1] executado com mestria por Fernando Chaib.

A guitarra de Guillherme Held foi também fundamental na realização do arranjo de "Evadido", concebido basicamente para um duo instrumental de guitarra e baixo. É ele também quem executa com técnica e expressividade a introdução, o *intermezzo* e o final de "Olhos verdes", canção para a qual a voz de Leo foi crucial na formatação do arranjo.

Em música popular contemporânea (das últimas duas ou três décadas), muitas vezes quando falamos em composição não é possível separá-la da produção musical dos discos. Além de influenciar diretamente o resultado das gravações, a produção musical acaba fazendo parte até mesmo do próprio processo de composição. Foi este o caso da canção "Lídia", que a princípio teve como referência a bossa nova, mas que durante a gravação evoluiu para uma versão rock'n'roll, com ressonâncias da música "Sílvia", do Camisa de Vênus, e de "Lugar nenhum", dos Titãs — ou ainda da maneira como o poeta Waly Salomão dizia seus poemas em performances públicas.

Optei por manter, na gravação, as duas versões: uma como introdução para a outra, ou seja, o mesmo texto apoiado por dois estilos musicais bem diferentes, "meio bossa nova e rock'n'roll". O resultado assume, portanto, significações diferentes, e faz jus também à própria noção de heterônimos, tão cara a Fernando Pessoa, aqui representado por Ricardo Reis.

Por fim, quanto à concepção musical e ao acabamento sonoro, para a minha surpresa e agrado, este disco resultou muito próximo daqueles antigos LPs, gravados e editados sob o sistema de alta fidelidade.

Quanto às faixas extras, em que os cantores e músicos do disco leem outros poemas dos mesmos autores, elas se nortearam pela ideia de fazer um registro espontâneo e diversificado desses textos; uma leitura "não profissional", digamos, em que transparece a personalidade de cada um dos leitores. E, diga-se, todos se compenetraram com a "tarefa" e adoraram cumpri-la.

---

1. Instrumento de percussão originário do norte da África.

⏩ POEMAS LIDOS NO CD

Leituras I

Os lusíadas (canto I)
LUÍS VAZ DE CAMÕES

1
As armas e os Barões assinalados
Que da Ocidental praia lusitana
Por mares nunca de antes navegados
Passaram ainda além da Taprobana,
Em perigos e guerras esforçados
Mais do que prometia a força humana,
E entre gente remota edificaram
Novo Reino, que tanto sublimaram;

2
E também as memórias gloriosas
Daqueles Reis que foram dilatando
A Fé, o Império, e as terras viciosas
De África e de Ásia andaram devastando,
E aqueles que por obras valerosas
Se vão da lei da Morte libertando,
Cantando espalharei por toda parte,
Se a tanto me ajudar o engenho e arte.

3
Cessem do sábio Grego e do Troiano
As navegações grandes que fizeram;
Cale-se de Alexandro e de Trajano
A fama das vitórias que tiveram;
Que eu canto o peito ilustre Lusitano,
A quem Neptuno e Marte obedeceram.
Cesse tudo o que a Musa antiga canta,
Que outro valor mais alto se alevanta.

Suave mari magno

MACHADO DE ASSIS

Lembra-me que, em certo dia,
Na rua, ao sol de verão,
Envenenado morria
            Um pobre cão.

Arfava, espumava e ria,
De um riso espúrio e bufão,
Ventre e pernas sacudia
            Na convulsão.

Nenhum, nenhum curioso
Passava, sem se deter,
            Silencioso,

Junto ao cão que ia morrer,
Como se lhe desse gozo
            Ver padecer.

Via Láctea

OLAVO BILAC

*"Ora (direis) ouvir estrelas! Certo
Perdeste o senso!" E eu vos direi, no entanto,
Que, para ouvi-las, muita vez desperto
E abro as janelas, pálido de espanto...*

*E conversamos toda a noite, enquanto
A Via Láctea, como um pálio aberto,
Cintila. E, ao vir do sol, saudoso e em pranto,
Inda as procuro pelo céu deserto.*

*Direis agora: "Tresloucado amigo!
Que conversas com elas? Que sentido
Tem o que dizem, quando estão contigo?"*

*E eu vos direi: "Amai para entendê-las!
Pois só quem ama pode ter ouvido
Capaz de ouvir e entender estrelas".*

O que é — simpatia

CASIMIRO DE ABREU

A uma menina.

Simpatia — é o sentimento
Que nasce num só momento
Sincero, no coração;
São dois olhares acesos
Bem juntos, unidos, presos
Numa mágica atração.

Simpatia — são dois galhos
Banhados de bons orvalhos
Nas mangueiras do jardim;
Bem longe às vezes nascidos,
Mas que se juntam crescidos
E que se abraçam por fim.

São duas almas bem gêmeas
Que riem no mesmo riso,
Que choram nos mesmos ais;
São vozes de dois amantes,
Duas liras semelhantes,
Ou dois poemas iguais.

Simpatia — meu anjinho,
É o canto do passarinho,
É o doce aroma da flor;
São nuvens dum céu d'Agosto,
É o que m'inspira teu rosto...
— Simpatia — é — quase amor!

Leituras II

O morcego

AUGUSTO DOS ANJOS

Meia-noite. Ao meu quarto me recolho.
Meu Deus! E este morcego! E, agora, vede:
Na bruta ardência orgânica da sede,
Morde-me a goela ígneo e escaldante molho.

"Vou mandar levantar outra parede..."
— Digo. Ergo-me a tremer. Fecho o ferrolho
E olho o teto. E vejo-o ainda, igual a um olho,
Circularmente sobre a minha rede!

Pego de um pau. Esforços faço. Chego
A tocá-lo. Minh'alma se concentra.
Que ventre produziu tão feio parto?!

A Consciência Humana é este morcego!
Por mais que a gente faça, à noite, ele entra
Imperceptivelmente em nosso quarto!

A D. Ângela

GREGÓRIO DE MATOS

Anjo no nome, Angélica na cara!
Isso é ser flor, e Anjo juntamente:
Ser Angélica flor, e Anjo florente,
Em quem, senão em vós, se uniformara:

Quem vira uma tal flor, que a não cortara,
De verde pé, de rama florescente;
E quem um Anjo vira tão luzente,
Que por seu Deus o não idolatrara?

Se pois como Anjo sois dos meus altares,
Fôreis o meu Custódio, e minha guarda,
Livrara eu de diabólicos azares.

Mas vejo, que tão bela, e tão galharda,
Posto que os Anjos nunca dão pesares,
Sois Anjo, que me tenta, e não me guarda.

Autopsicografia

FERNANDO PESSOA

O poeta é um fingidor.
Finge tão completamente
Que chega a fingir que é dor
A dor que deveras sente.

E os que leem o que escreve,
Na dor lida sentem bem,
Não as duas que ele teve,
Mas só a que eles não têm.

E assim nas calhas de roda
Gira, a entreter a razão,
Esse comboio de corda
Que se chama o coração.

No circo

ANTERO DE QUENTAL

(A João de Deus)

Muito longe daqui, nem eu sei quando,
Nem onde era esse Mundo em que eu vivia...
Mas tão longe... que até dizer podia
Que enquanto lá andei, andei sonhando...

Porque era tudo ali aéreo e brando,
E lúcida a existência amanhecia...
E eu... leve como a luz... até que um dia
Um vento me tomou e vim rolando...

Caí e achei-me, de repente, involto
Em luta bestial, na arena fera,
Onde um bruto furor bramia solto.

Senti um monstro em mim nascer nessa hora,
E achei-me de improviso feito fera...
— É assim que rujo entre leões agora!

Leituras III

A catedral
ALPHONSUS DE GUIMARAENS

Entre brumas, ao longe, surge a aurora.
O hialino orvalho aos poucos se evapora,
Agoniza o arrebol.
A catedral ebúrnea do meu sonho
Aparece, na paz do céu risonho,
Toda branca de sol.

E o sino canta em lúgubres responsos:
"Pobre Alphonsus! Pobre Alphonsus!"

O astro glorioso segue a eterna estrada.
Uma áurea seta lhe cintila em cada
Refulgente raio de luz.
A catedral ebúrnea do meu sonho,
Onde os meus olhos tão cansados ponho,
Recebe a benção de Jesus.

E o sino clama em lúgubres responsos:
"Pobre Alphonsus! Pobre Alphonsus!"

Por entre lírios e lilases desce
A tarde esquiva: amargurada prece
Põe-se a luz a rezar.
A catedral ebúrnea do meu sonho
Aparece, na paz do céu tristonho,
Toda branca de luar.

E o sino chora em lúgubres responsos:
"Pobre Alphonsus! Pobre Alphonsus!"

O céu é todo trevas: o vento uiva.
Do relâmpago a cabeleira ruiva
Vem açoitar o rosto meu.
E a catedral ebúrnea do meu sonho
Afunda-se no caos do céu medonho
Como um astro que já morreu.

E o sino chora em lúgubres responsos:
"Pobre Alphonsus! Pobre Alphonsus!".

Canção do exílio

GONÇALVES DIAS

Minha terra tem palmeiras,
Onde canta o Sabiá;
As aves, que aqui gorjeiam,
Não gorjeiam como lá.

Nosso céu tem mais estrelas,
Nossas várzeas têm mais flores,
Nossos bosques têm mais vida,
Nossa vida mais amores.

Em cismar, sozinho, à noite,
Mais prazer encontro eu lá;
Minha terra tem palmeiras,
Onde canta o Sabiá.

Minha terra tem primores,
Que tais não encontro eu cá;
Em cismar — sozinho, à noite —
Mais prazer eu encontro lá;
Minha terra tem palmeiras,
Onde canta o Sabiá.

Não permita Deus que eu morra,
Sem que eu volte para lá;
Sem que disfrute os primores
Que não encontro por cá;
Sem qu'inda aviste as palmeiras,
Onde canta o Sabiá.

Navio negreiro, tragédia no mar (VI)

CASTRO ALVES

E existe um povo que a bandeira empresta
P'ra cobrir tanta infâmia e cobardia!...
E deixa-a transformar-se nessa festa
Em manto impuro de bacante fria!...
Meu Deus! meu Deus! mas que bandeira é esta,
Que impudente na gávea tripudia?!...
Silêncio! Musa! chora, chora tanto
Que o pavilhão se lave no teu pranto...

Auriverde pendão de minha terra,
Que a brisa do Brasil beija e balança,
Estandarte que a luz do sol encerra,
E as promessas divinas da esperança...
Tu, que da liberdade após a guerra,
Foste hasteado dos heróis na lança,
Antes te houvessem roto na batalha,
Que servires a um povo de mortalha!...

Fatalidade atroz que a mente esmaga!
Extingue nesta hora o brigue imundo
O trilho que Colombo abriu na vaga,
Como um íris no pélago profundo!...
... Mas é infâmia de mais... Da etérea plaga
Levantai-vos, heróis do Novo Mundo...
Andrada! arranca esse pendão dos ares!
Colombo! fecha a porta dos teus mares!

I-Juca Pirama

GONÇALVES DIAS

> » Este texto não é lido no CD. Mas, como apenas um de seus dez contos é analisado na primeira parte deste livro, ele aparece aqui na íntegra, para consulta.

I
No meio das tabas de amenos verdores,
Cercadas de troncos — cobertos de flores,
Alteiam-se os tetos d'altiva nação;
São muitos seus filhos, nos ânimos fortes,
Temíveis na guerra, que em densas coortes
Assombram das matas a imensa extensão.

São rudos, severos, sedentos de glória,
Já prélios incitam, já cantam vitória,
Já meigos atendem à voz do cantor:
São todos Timbiras, guerreiros valentes!
Seu nome lá voa na boca das gentes,
Condão de prodígios, de glória e terror!

As tribos vizinhas, sem forças, sem brio,
As armas quebrando, lançando-as ao rio,
O incenso aspiraram dos seus maracás:
Medrosos das guerras que os fortes acendem,
Custosos tributos ignavos lá rendem,
Aos duros guerreiros sujeitos na paz.

No centro da taba se estende um terreiro,
Onde ora se aduna o concílio guerreiro
Da tribo senhora, das tribos servis:
Os velhos sentados praticam d'outrora,
E os moços inquietos, que a festa enamora,
Derramam-se em torno dum índio infeliz.

Quem é? — ninguém sabe: seu nome é ignoto,
Sua tribo não diz: — de um povo remoto
Descende por certo — dum povo gentil;
Assim lá na Grécia ao escravo insulano
Tornavam distinto do vil muçulmano
As linhas corretas do nobre perfil.

Por casos de guerra caiu prisioneiro
Nas mãos dos Timbiras: — no extenso terreiro
Assola-se o teto, que o teve em prisão;
Convidam-se as tribos dos seus arredores,
Cuidosos se incubem do vaso das cores,
Dos vários aprestos da honrosa função.

Acerva-se a lenha da vasta fogueira
Entesa-se a corda da embira ligeira,
Adorna-se a maça com penas gentis:
A custo, entre as vagas do povo da aldeia
Caminha o Timbira, que a turba rodeia,
Garboso nas plumas de vário matiz.

Entanto as mulheres com leda triganças,
Afeitas ao rito da bárbara usança,
O índio já querem cativo acabar:
A coma lhe cortam, os membros lhe tingem,
Brilhante enduape no corpo lhe cingem,
Sombreia-lhe a fronte gentil canitar.

II
Em fundos vasos d'alvacenta argila
    Ferve o cauim;
Enchem-se as copas, o prazer começa,
    Reina o festim.

O prisioneiro, cuja morte anseiam,
    Sentado está,
O prisioneiro, que outro sol no ocaso
    Jamais verá!

A dura corda, que lhe enlaça o colo,
    Mostra-lhe o fim
Da vida escura, que será mais breve
    Do que o festim!

Contudo os olhos d'ignóbil pranto
    Secos estão;
Mudos os lábios não descerram queixas
    Do coração.

Mas um martírio, que encobrir não pode,
    Em rugas faz
A mentirosa placidez do rosto
    Na fronte audaz!

Que tens, guerreiro? Que temor te assalta
    No passo horrendo?
Honra das tabas que nascer te viram,
    Folga morrendo.

Folga morrendo; porque além dos Andes
    Revive o forte,
Que soube ufano contrastar os medos
    Da fria morte.

Rasteira grama, exposta ao sol, à chuva,
    Lá murcha e pende:
Somente ao tronco, que devassa os ares,
    O raio ofende!

Que foi? Tupã mandou que ele caísse,
      Como viveu;
E o caçador que o avistou prostrado
      Esmoreceu!

Que temes, ó guerreiro? Além dos Andes
      Revive o forte,
Que soube ufano contrastar os medos
      Da fria morte.

III
Em larga roda de novéis guerreiros
Ledo caminha o festival Timbira,
A quem do sacrifício cabe as honras,
Na fronte o canitar sacode em ondas,
O enduape na cinta se embalança,
Na destra mão sopesa a iverapeme,
Orgulhoso e pujante. — Ao menor passo
Colar d'alvo marfim, insígnia d'honra,
Que lhe orna o colo e o peito, ruge e freme,
Como que por feitiço não sabido
Encantadas ali as almas grandes
Dos vencidos Tapuias, inda chorem
Serem glória e brasão d'imigos feros.
"Eis-me aqui", diz ao índio prisioneiro;
"Pois que fraco, e sem tribo, e sem família,
"As nossas matas devassaste ousado,
"Morrerás morte vil da mão de um forte."

Vem a terreiro o mísero contrário;
Do colo à cinta a muçurana desce:
"Dize-nos quem és, teus feitos canta,
"Ou, se mais te apraz, defende-te." Começa
O índio, que ao redor derrama os olhos,
Com triste voz que os ânimos comove.

IV
Meu canto de morte,
Guerreiros, ouvi:
Sou filho das selvas,
Nas selvas cresci;
Guerreiros, descendo
Da tribo tupi.

Da tribo pujante,
Que agora anda errante
Por fado inconstante,
Guerreiros, nasci;
Sou bravo, sou forte,
Sou filho do Norte;
Meu canto de morte,
Guerreiros, ouvi.

Já vi cruas brigas,
De tribos imigas,
E as duras fadigas
Da guerra provei;
Nas ondas mendaces
Senti pelas faces
Os silvos fugaces
Dos ventos que amei.

Andei longes terras
Lidei cruas guerras,
Vaguei pelas serras
Dos vis Aimoréis;
Vi lutas de bravos,
Vi fortes — escravos!
De estranhos ignavos
Calcados aos pés.

E os campos talados,
E os arcos quebrados,
E os piagas coitados
Já sem maracás;
E os meigos cantores,
Servindo a senhores,
Que vinham traidores,
Com mostras de paz.

Aos golpes do imigo,
Meu último amigo,
Sem lar, sem abrigo
Caiu junto a mi!
Com plácido rosto,
Sereno e composto,
O acerbo desgosto
Comigo sofri.

Meu pai a meu lado
Já cego e quebrado,
De penas ralado,
Firmava-se em mi:
Nós ambos, mesquinhos,
Por ínvios caminhos,
Cobertos d'espinhos
Chegamos aqui!

O velho no entanto
Sofrendo já tanto
De fome e quebranto,
Só qu'ria morrer!
Não mais me contenho,
Nas matas me embrenho,
Das frechas que tenho
Me quero valer.

Então, forasteiro,
Caí prisioneiro
De um troço guerreiro
Com que me encontrei:
O cru dessossego
Do pai fraco e cego,
Enquanto não chego
Qual seja, — dizei!

Eu era o seu guia
Na noite sombria,
A só alegria
Que Deus lhe deixou:
Em mim se apoiava,
Em mim se firmava,
Em mim descansava,
Que filho lhe sou.

Ao velho coitado
De penas ralado,
Já cego e quebrado,
Que resta? — Morrer.
Enquanto descreve
O giro tão breve
Da vida que teve,
Deixai-me viver!

Não vil, não ignavo,
Mas forte, mas bravo,
Serei vosso escravo:
Aqui virei ter.
Guerreiros, não coro
Do pranto que choro:
Se a vida deploro,
Também sei morrer.

V
Soltai-o! — diz o chefe. Pasma a turba;
Os guerreiros murmuram: mal ouviram,
Nem pode nunca um chefe dar tal ordem!
Brada segunda vez com voz mais alta,
Afrouxam-se as prisões, a embira cede,
A custo, sim; mas cede: o estranho é salvo.
— Timbira, diz o índio enternecido,
Solto apenas dos nós que o seguravam:
És um guerreiro ilustre, um grande chefe,
Tu que assim do meu mal te comoveste,
Nem sofres que, transposta a natureza,
Com olhos onde a luz já não cintila,
Chore a morte do filho o pai cansado,
Que somente por seu na voz conhece.
— És livre; parte.
            — E voltarei.
                    — Debalde.
— Sim, voltarei, morto meu pai.
                — Não voltes!
É bem feliz, se existe, em que não veja,
Que filho tem, qual chora: és livre; parte!
— Acaso tu supões que me acobardo,
Que receio morrer!
            — És livre; parte!
— Ora não partirei; quero provar-te
Que um filho dos Tupis vive com honra,
E com honra maior, se acaso o vencem,
Da morte o passo glorioso afronta.

— Mentiste, que um Tupi não chora nunca,
E tu choraste!... parte; não queremos
Com carne vil enfraquecer os fortes.

Sobresteve o Tupi: — arfando em ondas
O rebater do coração se ouvia
Precípite. — Do rosto afogueado
Gélidas bagas de suor corriam:
Talvez que o assaltava um pensamento...
Já não... que na enlutada fantasia,
Um pesar, um martírio ao mesmo tempo,
Do velho pai a moribunda imagem
Quase bradar-lhe ouvia: — Ingrato! Ingrato!
Curvado o colo, taciturno e frio.
Espectro d'homem, penetrou no bosque!

VI
— Filho meu, onde estás?
             — Ao vosso lado;
Aqui vos trago provisões; tomai-as,
As vossas forças restaurai perdidas,
E a caminho, e já!
             — Tardaste muito!
Não era nado o sol, quando partiste,
E frouxo o seu calor já sinto agora!

— Sim, demorei-me a divagar sem rumo,
Perdi-me nestas matas intrincadas,
Reaviei-me e tornei; mas urge o tempo;
Convém partir, e já!
             — Que novos males
Nos resta de sofrer? — que novas dores,
Que outro fado pior Tupã nos guarda?
— As setas da aflição já se esgotaram,
Nem para novo golpe espaço intacto
Em nossos corpos resta.
             — Mas tu tremes!
— Talvez do afã da caça....
             — Oh filho caro!

Um quê misterioso aqui me fala,
Aqui no coração; piedosa fraude
Será por certo, que não mentes nunca!
Não conheces temor, e agora temes?
Vejo e sei: é Tupã que nos aflige,
E contra o seu querer não valem brios.
Partamos!... —
E com mão trêmula, incerta
Procura o filho, tateando as trevas
Da sua noite lúgubre e medonha.
Sentindo o acre odor das frescas tintas,
Uma ideia fatal ocorreu-lhe à mente...
Do filho os membros gélidos apalpa,
E a dolorosa maciez das plumas
Conhece estremecendo: — foge, volta,
Encontra sob as mãos o duro crânio,
Despido então do natural ornato!...
Recua aflito e pávido, cobrindo
Às mãos ambas os olhos fulminados,
Como que teme ainda o triste velho
De ver, não mais cruel, porém mais clara,
Daquele exício grande a imagem viva
Ante os olhos do corpo afigurada.

Não era que a verdade conhecesse
Inteira e tão cruel qual tinha sido;
Mas que funesto azar correra o filho,
Ele o via; ele o tinha ali presente;
E era de repetir-se a cada instante.
A dor passada, a previsão futura
E o presente tão negro, ali os tinha;
Ali no coração se concentrava,
Era num ponto só, mas era a morte!
— Tu prisioneiro, tu?

— *Vós o dissestes.*
— *Dos índios?*
— *Sim.*
— *De que nação?*
— *Timbiras.*

— *E a muçurana funeral rompeste,*
Dos falsos manitôs quebraste a maça...
— *Nada fiz... aqui estou.*
— *Nada! —*
Emudecem;
Curto instante depois prossegue o velho:
— *Tu és valente, bem o sei; confessa,*
Fizeste-o, certo, ou já não foras vivo!

— *Nada fiz; mas souberam da existência*
De um pobre velho, que em mim só vivia....
— *E depois?...*
— *Eis-me aqui.*
— *Fica essa taba?*
— *Na direção do sol, quando transmonta.*
— *Longe?*
— *Não muito.*
— *Tens razão: partamos.*
— *E quereis ir?...*
— *Na direção do acaso.*

VII
"Por amor de um triste velho,
Que ao termo fatal já chega,
Vós, guerreiros, concedestes
A vida a um prisioneiro.
Ação tão nobre vos honra,
Nem tão alta cortesia

Vi eu jamais praticada
Entre os Tupis, — e mas foram
Senhores em gentileza.

"Eu porém nunca vencido,
Nem nos combates por armas,
Nem por nobreza nos atos;
Aqui venho, e o filho trago.
Vós o dizeis prisioneiro,
Seja assim como dizeis;
Mandai vir a lenha, o fogo,
A maça do sacrifício
E a muçurana ligeira:
Em tudo o rito se cumpra!

E quando eu for só na terra,
Certo acharei entre os vossos,
Que tão gentis se revelam,
Alguém que meus passos guie;
Alguém, que vendo o meu peito
Coberto de cicatrizes,
Tomando a vez de meu filho,
De haver-me por pai se ufane!"
Mas o chefe dos Timbiras,
Os sobrolhos encrespando,
Ao velho Tupi guerreiro
Responde com torvo acento:

— Nada farei do que dizes:
É teu filho imbele e fraco!
Aviltaria o triunfo
Da mais guerreira das tribos
Derramar seu ignóbil sangue:
Ele chorou de cobarde;

Nós outros, fortes Timbiras,
Só de heróis fazemos pasto. —

Do velho Tupi guerreiro
A surda voz na garganta
Faz ouvir uns sons confusos,
Como os rugidos de um tigre,
Que pouco a pouco se assanha!

VIII
"Tu choraste em presença da morte?
Na presença de estranhos choraste?
Não descende o cobarde do forte;
Pois choraste, meu filho não és!
Possas tu, descendente maldito
De uma tribo de nobres guerreiros,
Implorando cruéis forasteiros,
Seres presa de vis Aimorés.

"Possas tu, isolado na terra,
Sem arrimo e sem pátria vagando,
Rejeitado da morte na guerra,
Rejeitado dos homens na paz,
Ser das gentes o espectro execrado;
Não encontres amor nas mulheres,
Teus amigos, se amigos tiveres,
Tenham alma inconstante e falaz!

"Não encontres doçura no dia,
Nem as cores da aurora te ameiguem,
E entre as larvas da noite sombria
Nunca possas descanso gozar:
Não encontres um tronco, uma pedra,
Posta ao sol, posta às chuvas e aos ventos,

Padecendo os maiores tormentos,
Onde possas a fronte pousar.

"Que a teus passos a relva se torre;
Murchem prados, a flor desfaleça,
E o regato que límpido corre,
Mais te acenda o vesano furor;
Suas águas depressa se tornem,
Ao contato dos lábios sedentos,
Lago impuro de vermes nojentos,
Donde fujas com asco e terror!

"Sempre o céu, como um teto incendido,
Creste e punja teus membros malditos
E oceano de pó denegrido
Seja a terra ao ignavo tupi!
Miserável, faminto, sedento,
Manitôs lhe não falem nos sonhos,
E do horror os espetros medonhos
Traga sempre o cobarde após si.

"Um amigo não tenhas piedoso
Que o teu corpo na terra embalsame,
Pondo em vaso d'argila cuidoso
Arco e frecha e tacape a teus pés!
Sê maldito, e sozinho na terra;
Pois que a tanta vileza chegaste,
Que em presença da morte choraste,
Tu, cobarde, meu filho não és."

IX
Isto dizendo, o miserando velho
A quem Tupã tamanha dor, tal fado
Já nos confins da vida reservara,

*Vai com trêmulo pé, com as mãos já frias
Da sua noite escura as densas trevas
Palpando. — Alarma! alarma! — O velho para
O grito que escutou é voz do filho,
Voz de guerra que ouviu já tantas vezes
Noutra quadra melhor. — Alarma! alarma!
— Esse momento só vale a pagar-lhe
Os tão compridos transes, as angústias,
Que o frio coração lhe atormentaram
De guerreiro e de pai: — vale, e de sobra.
Ele que em tanta dor se contivera,
Tomado pelo súbito contraste,
Desfaz-se agora em pranto copioso,
Que o exaurido coração remoça.*

*A taba se alborota, os golpes descem,
Gritos, imprecações profundas soam,
Emaranhada a multidão braveja,
Revolve-se, enovela-se confusa,
E mais revolta em mor furor se acende.
E os sons dos golpes que incessantes fervem,
Vozes, gemidos, estertor de morte
Vão longe, pelas ermas serranias
Da humana tempestade propagando
Quantas vagas de povo enfurecido
Contra um rochedo vivo se quebravam.*

*Era ele, o Tupi; nem fora justo
Que a fama dos Tupis — o nome, a glória,
Aturado labor de tantos anos,
Derradeiro brasão da raça extinta,
De um jato e por um só se aniquilasse.*

— Basta! Clama o chefe dos Timbiras,
— Basta, guerreiro ilustre! Assaz lutaste,
E para o sacrifício é mister forças. —

O guerreiro parou, caiu nos braços
Do velho pai, que o cinge contra o peito,
Com lágrimas de júbilo bradando:
"Este, sim, que é meu filho muito amado!
"E pois que o acho enfim, qual sempre o tive,
"Corram livres as lágrimas que choro,
"Estas lágrimas, sim, que não desonram."

X
Um velho Timbira, coberto de glória,
    Guardou a memória
Do moço guerreiro, do velho Tupi!
E à noite, nas tabas, se alguém duvidava
    Do que ele contava,
Dizia prudente: — "Meninos, eu vi!

"Eu vi o brioso no largo terreiro
    Cantar prisioneiro
Seu canto de morte, que nunca esqueci:
Valente, como era, chorou sem ter pejo;
    Parece que o vejo,
Que o tenho nest'hora diante de mi.

"Eu disse comigo: Que infâmia d'escravo!
    Pois não, era um bravo;
Valente e brioso, como ele, não vi!
E à fé que vos digo: parece-me encanto
    Que quem chorou tanto,
Tivesse a coragem que tinha o Tupi!"

Assim o Timbira, coberto de glória,
Guardava a memória
Do moço guerreiro, do velho Tupi.
E à noite nas tabas, se alguém duvidava
        Do que ele contava,
Tornava prudente: "Meninos, eu vi!".

GLOSSÁRIO

Acento prosódico: destaque maior na pronúncia de determinada sílaba da palavra.

Aliteração: figura de linguagem que promove a repetição de sons consonantais em textos artísticos.

Anáfora: repetição de palavras ou grupos de palavras no início de sucessivos versos ou frases.

Antítese: figura de linguagem que estabelece relação contrária entre os termos de um verso ou estrofe.

Assonância: repetição de uma mesma vogal dentro de uma palavra ou um grupo de palavras, em diferentes versos.

Chave de ouro: conclusão do poema apresentada no terceto final de um soneto, conforme os poemas clássicos.

Condensação: qualidade de concentrar o máximo de significado em um número limitado de palavras.

Conotação: relativo ao sentido figurado de uma palavra ou expressão.

Conotativo: relativo a conotação.

Contiguidade: processo de associação por proximidade; aproximação de elementos distintos a fim de gerar sentido; relativo ao que é contíguo (exemplo: associação do verde dos olhos de uma moça à ideia de esperança). Ver *"similaridade"*.

Decassílabo: verso formado por dez sílabas poéticas.

Decassílabo heroico: verso formado por dez sílabas poéticas, com acento na sexta e na décima sílabas.

Denotação: relativo ao sentido *latu* das palavras ou mensagem; sentido literal.

Denotativo: relativo à denotação.

Desinência: unidade mínima de uma palavra que, ligada à raiz, promove algum sentido, como a indicação de masculino e feminino ou o plural.

Elipse: figura de linguagem que suprime um termo, deixando-o subentendido, sem que ele tenha aparecido no texto anteriormente.

Encavalgamento; *enjambement*: relação sintática entre o final de um verso e o seguinte, estabelecendo cadência para a leitura, como em "Ismália", de Alphonsus de Guimaraens: "E como um anjo pendeu/ As asas para voar...". O objeto direto está no verso seguinte ao do verbo transitivo direto.

Estrofe: reunião de versos.

Eu lírico: aquele que expressa mensagem no texto poético, a voz do poema.

Evasão: ação de evadir-se, de escapar de qualquer tipo de aprisionamento; fuga.

Família de palavras: palavras formadas a partir de um mesmo radical. São da mesma família, por exemplo, as palavras: **pedr**a, **pedr**inha, a**pedr**ejar.

Figuras de linguagem: Tratamento dado ao discurso, no nível do som, da sintaxe, do pensamento e do sentido das palavras, a fim de imprimir maior expressividade ao texto.

Gradação: figura de linguagem que consiste na enumeração de ideias de forma crescente ou decrescente.

Heptassílabo: verso formado por sete sílabas poéticas, também chamado de redondilha maior.

Heterônimo: identidade assumida por um escritor.

Imanência: aquilo que é próprio de algo, inseparável, indissociável. Ver *"transcendência"*.

Inferência: ato ou efeito de inferir. Ver *"inferir"*.

Inferir: deduzir, tirar conclusões a partir da análise de algo.

Intertextualidade: relação, diálogo ou cruzamento entre textos ou linguagens.

Inversão: *ver "ordem inversa"*.

Léxico: conjunto de palavras de uma língua, vocabulário.

Lírica: gênero poético que, segundo Aristóteles, tem sua origem na forte relação entre texto e música.

Medida: quantidade de sílabas poéticas de um verso.

Metáfora: figura de linguagem que consiste na aproximação de dois termos por semelhança, fazendo que suas qualidades sejam identificadas umas com as outras. Os termos podem aparecer lado a lado ou um pode substituir o outro. Exemplo: Em "Tirana", de Castro Alves, há o seguinte verso: "Que Maria é a baunilha/ Que me prende o coração". A mulher tem as mesmas qualidades da flor baunilha. *Ver "similaridade"*.

Metonímia: figura de linguagem cujo efeito amplia o âmbito de significado de uma palavra ou expressão, partindo de uma relação objetiva entre a significação própria e a figurada. Um dos caminhos para a construção de metonímias é explorar a relação entre todo e parte. Nos versos "Pudesse eu copiar o transparente lume,/ Que, da grega coluna à gótica janela,/ Contemplou, suspirosa, a fronte amada e bela!" ("Círculo vicioso", Machado de Assis) a palavra "fronte" (parte) foi empregada no lugar de "pessoa" (todo). A metonímia tem uma função importante como recurso estilístico ou estético, porque se presta a destacar aquilo que em determinado contexto é essencial no termo designado.

Métrica: organização das sílabas poéticas dentro dos versos.

Metro: medida, quantidade de sílabas poéticas em um verso.

Ordem direta: em língua portuguesa, as palavras são dispostas em determinada ordem nas orações. A essa ordem dá-se o nome de direta. O adjetivo, por exemplo, costuma aparecer depois do substantivo, como em "olhos verdes". Dizemos que esse enunciado está em ordem direta. *Ver "ordem inversa"*.

Ordem inversa: alteração na disposição natural dos termos dentro da oração. Em "verdes olhos", por exemplo, o adjetivo está anteposto ao substantivo, o que representa uma inversão. *Ver "ordem direta"*.

Ortônimo: identidade e nome real do escritor.

Paradoxo: Jogo de ideias que provoca estranhamento devido à aparente falta de lógica.

Paralelismo: efeito criado por meio de uma recorrência sonora ou de ideias.

Parnasianismo: movimento literário originário da França (1860-70) que pregava o retorno às formas clássicas e ao rigor formal. Opunha-se à liberdade de expressão apregoada pelo Romantismo.

Poesia: gênero literário cuja predominância é a função poética.

Polissêmico: relativo à "polissemia". Qualidade presente em uma palavra, ou signo, que favorece a leitura de vários significados.

Prosa: discurso que avança em forma narrativa, aquele que se opõe ao verso.

Quarteto: estrofe com quatro versos.

Redondilha maior: versos com sete sílabas poéticas. *Ver "heptassílabo".*

Rima: recorrência sonora de fonemas ou grupos sonoros que estabelecem equivalência além de uma relação de significado entre as unidades sonoras. Pode aparecer no final dos versos ou em sua estrutura interna.
Um esquema de rimas refere-se à combinação sonora no final da estrofe, um arranjo nos versos a fim de promover tal combinação. O esquema de rimas pode ser mais observável no soneto clássico, em que os quartetos são organizados conforme os modelos a seguir:

Emparelhada (AABB)

*"No rio caudaloso que a solidão ret**alha**,*	A
*na funda correnteza na límpida to**alha**,*	A
*deslizam mansamente as garças alvej**antes**;*	B
*nos trêmulos cipós de orvalho gotej**antes**..."*	B
Fagundes Varela	

Alternada ou cruzada (ABAB)

"Tombou da haste a flor da minha infância al**ada**.	A
Murchou na jarra de ouro o pudico jas**min**:	B
Voou aos altos Céus a pomba enamor**ada**	A
Que dantes estendia as asas sobre **mim**."	B

Antônio Nobre

Interpolada ou oposta (ABBA)

"O espectro familiar que anda com**igo**,	A
Sem que pudesse ainda ver-lhe o **rosto**,	B
Que umas vezes encaro com des**gosto**	B
E outras muitas ansioso espreito e **sigo**,"	A

Antero de Quental

Ritmo: força básica do texto que estabelece cadência, alternância entre sonoridade das sílabas tônicas e átonas.

Romantismo: movimento literário próprio do século XIX que pregava valores libertários de expressão. A busca pelo gesto livre, pela identidade pessoal e pela expressão da pátria são alguns dos aspectos ressaltados por essa estética. O movimento se destacou intensamente na França e na Alemanha.

Semântica: estudo dos significados, dos sentidos das palavras.

Sibilante: som agudo semelhante ao assobio; contínuo som de S ou Z.

Sígnico: relativo a signo.

Sílaba poética: unidades sonoras que constituem os versos.

Sílaba tônica: sílaba pronunciada com mais intensidade que as demais sílabas da palavra.

Similaridade: relativo ao processo de associação pelo princípio da semelhança; aproximação de elementos semelhantes a fim de que sejam transportadas qualidades de um para o outro; relativo ao que é semelhante. *Ver "metáfora"*.

Sinestesia: processo estilístico que consiste na associação de duas ou mais sensações pertencentes a registros sensoriais diferentes. Nos versos de "Círculo vicioso", poema de Machado de Assis, "Que arde no eterno azul,/ Como uma eterna vela", o verbo "arde" remete à sensação tátil. Esse apelo colabora para que a imagem do brilho da estrela seja comunicada de forma mais intensa.

Sinestésico: relativo a sinestesia.

Sintático: relativo a sintaxe.

Sintaxe: encadeamento lógico entre as unidades estruturais da frase.

Soneto: poema cuja forma — quatro estrofes, sendo dois quartetos e dois tercetos — é fixa. No soneto clássico, a última estrofe apresenta a chave de ouro.

Terceto: estrofe com três versos.

Transcendência: aquilo que está além do que é próprio de alguma coisa, que excede, que é mais sublime. *Ver "imanência"*.

Trovador: nome que designava os poetas durante o período medieval.

Ultrarromântico: refere-se ao grupo que radicalizou algumas das propostas estéticas do Romantismo, tornando-o mais subjetivo e pessimista.

Zeugma: figura de linguagem que elimina um termo citado anteriormente, deixando-o subentendido.

BIBLIOGRAFIA

FONTES UTILIZADAS PARA O ESTABELECIMENTO DE TEXTO DOS POEMAS TRANSCRITOS E ANALISADOS

"Nasce o Sol e não dura mais que um dia", Gregório de Matos
 MATOS, Gregório de. *Obras completas de Gregório de Matos*. Salvador: Janaína, 1969, v. IV, p. 994.

"Eles verdes são", Luís Vaz de Camões
 CAMÕES, Luís Vaz de. *Lírica*. Belo Horizonte/São Paulo: Itatiaia/Edusp, 1982, p. 154.

"Nel mezzo del camin...", Olavo Bilac
 BILAC, Olavo. *Poesias*. Rio de Janeiro: Francisco Alves, 1913, p. 126.

"I-Juca Pirama", Gonçalves Dias
 GONÇALVES, Magaly Trindade; AQUINO, Zélia Thomaz de; ZINA, Bellodi Silva. *Antologia escolar de literatura brasileira*. São Paulo: Musa, 1998, p. 53.

"Tirana", Castro Alves
 GOMES, Eugênio (Org.). *Castro Alves: Poesia*. Rio de Janeiro: Agir, 1960, pp. 100-1.

"Lídia", Ricardo Reis
 PESSOA, Fernando. *Obras completas de Fernando Pessoa*: Odes de Ricardo Reis. Lisboa: Ática, v. IV, p. 142.

"Ismália", Alphonsus de Guimaraens
 MELO, Gladstone Chaves de (Org.). *Alphonsus de Guimaraens: Poesias*. Rio de Janeiro: Agir, 1976, p. 70.

"Sou um evadido", Fernando Pessoa
> PESSOA, Fernando. *Obra poética*. Organização de Maria Aliete Galhoz. Rio de Janeiro: Nova Aguilar, 1995, p. 546.

"A valsa", Casimiro de Abreu
> SILVEIRA, Sousa da. *Obras de Casimiro de Abreu*. São Paulo: Companhia Editora Nacional, 1940, p. 167.

"A ideia", Augusto dos Anjos
> ANJOS, Augusto dos. *Eu & outras poesias*. Rio de Janeiro: Civilização Brasileira, 1985, p. 82.

"Círculo vicioso", Machado de Assis
> ASSIS, Joaquim Maria Machado de. *Poesias completas*. Rio de Janeiro/ São Paulo/ Porto Alegre: W. M. Jackson Inc., 1944, p. 342.

"Mais luz!", Antero de Quental
> QUENTAL, Antero de. *Sonetos*. Lisboa: Livraria Sá da Costa Editora, 1979, pp. 54-5.

FONTES UTILIZADAS PARA ESTABELECIMENTO DE TEXTO DOS POEMAS RECITADOS NO CD

Leituras I

"Os lusíadas (canto I)", Luís Vaz de Camões
> Disponível no site oficial do Instituto Camões: <cvc.instituto-camoes.pt/bdc/literatura/lusiadas/>

"Suave mari magno", Machado de Assis
> ASSIS, Joaquin Maria Machado de. *Poesias completas*. Rio de Janeiro/ São Paulo/ Porto Alegre: W. M. Jackson Inc., 1944, p. 362.

"Via Láctea", Olavo Bilac
> GONÇALVES, Magaly Trindade; AQUINO, Zélia Thomaz de; ZINA, Bellodi Silva. *Antologia escolar de literatura brasileira*. São Paulo: Musa, 1998, p. 177.

"O que é — simpatia", Casimiro de Abreu
> Disponível em:
> <http://www.dominiopublico.gov.br/download/texto/wk000411.pdf>

Leituras II

"O morcego", Augusto dos Anjos
> HOUAISS, Antônio (Org.). *Augusto dos Anjos: Poesia*. Rio de Janeiro: Agir, 1978, p. 34.

"A D. Ângela", Gregório de Matos
> MATOS, Gregório de. *Poemas escolhidos de Gregório de Matos*. São Paulo: Companhia das Letras, 2010, p. 216.

"Autopsicografia", Fernando Pessoa
> BARBOSA, Frederico. *Poemas escolhidos de Fernando Pessoa*. São Paulo: Klick, 1997, p. 176.

"No circo", Antero de Quental
> Disponível em:
> <http://www.dominiopublico.gov.br/download/texto/bv000027.pdf>

Leituras III

"A catedral", Alphonsus de Guimaraens
> MELO, Gladstone Chaves de (Org.). *Alphonsus de Guimaraens: Poesias*. Rio de Janeiro: Agir, 1976, p. 82.

"Canção do exílio", Gonçalves Dias

GARBUGLIO, José Carlos (Org.). *Melhores poemas de Gonçalves Dias*. São Paulo: Global, 1991, p. 16.

"Navio negreiro, tragédia no mar (IV)", Castro Alves

GONÇALVES, Magaly Trindade; AQUINO, Zélia Thomaz de; ZINA, Bellodi Silva. *Antologia escolar de literatura brasileira*. São Paulo: Musa, 1998, p. 125.

"I-Juca Pirama", Gonçalves Dias

GONÇALVES, Magaly Trindade; AQUINO, Zélia Thomaz de; ZINA, Bellodi Silva. *Antologia escolar de literatura brasileira*. São Paulo: Musa, 1998, p. 53.

SOBRE HISTÓRIA DAS LITERATURAS BRASILEIRA E PORTUGUESA

BOSI, Alfredo. *História concisa da literatura brasileira*. São Paulo: Cultrix, 1997.

CANDIDO, Antonio. *Formação da literatura brasileira*. Rio de Janeiro: Ouro Sobre Azul, 2009.

_____. *O Romantismo no Brasil*. São Paulo: Humanitas, 2004.

SOBRE HISTÓRIA DO BRASIL

SCHWARCZ, Lilia Moritz. *As barbas do imperador*: Dom Pedro II, um monarca nos trópicos. São Paulo: Companhia das Letras, 1998.

SOBRE TEORIA LITERÁRIA

MOISÉS, Massaud. *Dicionário de termos literários*. 12ª ed. São Paulo: Cultrix, 2004.

SOBRE POESIA

ARISTÓTELES. *Ética a Nicômaco; Poética*. São Paulo: Nova Cultural, 1996, v. 2. (Coleção Os Pensadores.)

BOSI, Alfredo. *O ser e o tempo da poesia*. São Paulo: Companhia das Letras, 2000.

CANDIDO, Antonio. *O estudo analítico do poema*. São Paulo: Humanitas, 1996.

_____. *Na sala de aula*. São Paulo: Ática, 2002.

PIGNATARI, Décio. *O que é comunicação poética*. Cotia: Ateliê Editorial, 2005.

POUND, Erza. *ABC da literatura*. São Paulo: Cultrix, 2002.

SOBRE AS PARTICULARIDADES DE CADA ANÁLISE

"Nasce o Sol e não dura mais que um dia"

AMADO, James (Org.). *Gregório de Matos*. Salvador: Janaína, 1969, v. 4. (Coleção Obras Completas.)

ECO, Umberto. *Obra aberta*. São Paulo: Perspectiva, 2003.

MEYER, Michel. *A retórica*. São Paulo: Ática, 2007.

WISNIK, José Miguel (Seleção e prefácio). *Poemas escolhidos de Gregório de Matos*. São Paulo: Companhia das Letras, 2010.

http:/www.academia.org.br (O site oficial da Academia Brasileira de Letras oferece informações biográficas de Gregório de Matos na seção "Membros" e disponibiliza alguns poemas para consulta).

"Eles verdes são"

MATOS, Maria Vitalina Leal de. *Introdução à poesia de Luís de Camões*. Lisboa: Instituto de Cultura Portuguesa, Ministério da Cultura e da Ciência, Secretaria de Estado da Cultura, 1980.

SARAIVA, António José. *Iniciação à literatura portuguesa*. São Paulo: Companhia das Letras, 1999.

"Nel mezzo del camin..."

BILAC, Olavo. *Antologia poética*. São Paulo: L&PM, 1997.

_____. *Tratado de versificação*. Rio de Janeiro: Francisco Alves, 1938.

JORGE, Fernando. *Vida e poesia de Olavo Bilac*. São Paulo: Novo Século, 2007.

LIMA, Alceu Amoroso (Org.). *Olavo Bilac: Poesia*. Rio de Janeiro: Agir, 1957, v. 2. (Coleção Nossos Clássicos.)

"I-Juca Pirama"
CANDIDO, Antonio. *O Romantismo no Brasil*. São Paulo: Humanitas, 2004.

"Tirana"
GOMES, Eugênio (Org.). *Castro Alves*: Poesia. 4ª ed. Rio de Janeiro: Agir, 1974, v. 44. (Coleção Nossos Clássicos.)
IVO, Lêdo (Org.). *Melhores poemas de Castro Alves*. São Paulo: Global, 2000.
SILVA, Alberto da Costa e. *Castro Alves*: Um poeta sempre jovem. São Paulo: Companhia das Letras, 2006.

"Lídia"
GAARDER, Jostein. *O mundo de Sofia*. São Paulo: Companhia das Letras, 1995.
GALHOZ, Maria Aliete (Organização, introdução e notas). *Fernando Pessoa. Obra poética*. Rio de Janeiro: Nova Aguilar, 1995.
PESSOA, Fernando. *Poesia completa de Ricardo Reis*. São Paulo: Companhia das Letras, 2007.
_____. *Ficções do interlúdio/2 : Odes de Ricardo Reis/3 : Para além do outro oceano de C[oelho] Pacheco / Fernando Pessoa*. Rio de Janeiro: Nova Fronteira, 1982.

"Ismália"
GUIMARAENS, Alphonsus de. *Poesias*. 2ª ed. aumentada e revista por Alphonsus de Guimaraens Filho. Rio de Janeiro: Organização Simões, 1955.
GUIMARAENS FILHO, Alphonsus de (Org.). *Melhores poemas de Alphonsus de Guimaraens*. São Paulo: Global, 1985.
MELO, Gladstone Chaves de (Org.). *Alphonsus de Guimaraens*: Poesias. Rio de Janeiro: Agir, 1976.

"Sou um evadido"
BERARDINELLI, Cleonice. *Fernando Pessoa*: Outra vez te revejo. Rio de Janeiro: Lacerda Editores, 2004.
COELHO, Jacinto do Prado. *Diversidade e unidade em Fernando Pessoa*. Lisboa: Editorial Verbo, 1980.

MOISÉS, Leyla Perrone. *Fernando Pessoa, aquém do eu, além do outro*. São Paulo: Martins Fontes, 2001.

PESSOA, Fernando. *Obra poética*. Organização de Maria Aliete Galhoz. Rio de Janeiro: Nova Aguilar, 1995.

_____. *Ficções do interlúdio*. Organização de Fernando Cabral Martins. São Paulo: Companhia das Letras, 1998.

_____. *Escritos íntimos, cartas e páginas autobiográficas*. Organização de António Quadros. Lisboa: Europa-América, 1986, p. 199.

"A valsa"

ABREU, Casimiro de. *Obras completas de Casimiro do Abreu*. Rio de Janeiro: Zelio Valverde, 1943. (Coleção Grandes Poetas do Brasil.)

ANDRADE, Mário de. "Amor e medo". In: *Aspectos da literatura brasileira*. Brasília: Instituto Nacional do Livro, 1972.

CANDIDO, Antonio. "O belo, doce e meigo: Casimiro de Abreu". In: *Formação da literatura brasileira*. Rio de Janeiro: Ouro Sobre Azul, 2009.

SILVEIRA, Sousa da. *Obras de Casimiro de Abreu*. São Paulo: Companhia Editora Nacional, 1940.

"A ideia"

ANJOS, Augusto dos. *Eu & outras poesias*. Rio de Janeiro: Civilização Brasileira, 1985.

_____. *Obra completa*. Organização de Alexei Bueno. Rio de Janeiro: Nova Aguilar, 1994.

CHALHUB, Samira. *A metalinguagem*. São Paulo: Ática, 1997.

"Círculo vicioso"

BAKHTIN, Mikhail M. *Estética da criação verbal*. São Paulo: Martins Fontes, 2003.

_____. *Marxismo e filosofia da linguagem*. São Paulo: Hucitec, 1999.

BRAIT, Beth. *Bakhtin: Conceitos-chave*. São Paulo: Contexto, 2003.

_____. "Estilo, dialogismo e autoria: identidade e alteridade".

In: Faraco, Carlos Alberto et al. (Orgs.). *Vinte ensaios sobre Mikhail Bakhtin*. Petrópolis: Vozes, 2006.

CANDIDO, Antonio. "Esquema de Machado de Assis". In: *Vários escritos*. Rio de Janeiro: Ouro Sobre Azul; São Paulo: Duas Cidades, 2004.

TEIXEIRA, Ivan. *Apresentação de Machado de Assis*. São Paulo: Martins Fontes, 1987.

"Mais luz!"

QUENTAL, Antero de. *Tendências gerais da filosofia na segunda metade do século XIX*. Lisboa: Fundação Calouste Gulbenkian, 1991.

QUENTAL, Antero de. *Sonetos*. Lisboa: Sá da Costa, 1979.

Disponível em: <http://www.gutenberg.org/browse/authors/q#a34296>
O site do Projeto Gutenberg (uma biblioteca digital) publica obras raras de diversos autores, incluindo Antero de Quental: <http://purl.pt>.
O site da Biblioteca Nacional de Portugal disponibiliza fac-símiles de obras e manuscritos de Antero de Quental e Guilherme de Azevedo.

SOBRE O TRABALHO COM POESIA NA SALA DE AULA

CAMPS, Anna (Org.). *Propostas didáticas para aprender a escrever*. Porto Alegre: Artmed, 2006.

COLL, Cesar (Org.). *O construtivismo na sala de aula*. São Paulo: Ática, 2006.

COLOMER, Teresa. *Andar entre livros. A leitura literária na escola*. São Paulo: Global, 2007.

DIONÍSIO, Angela Paiva; MACHADO, Anna Rachel; BEZERRA, Maria Auxiliadora (Orgs.). *Gêneros textuais & ensino*. Rio de Janeiro: Lucerna, 2005.

LERNER, Delia. *Ler e escrever na escola: O real, o possível e o necessário*. Porto Alegre: Artmed, 2002.

ROJO, Roxane. *A prática de linguagem em sala de aula: Praticando os PCNs*. Campinas: Mercado de Letras, 2005.

SOLÉ, Isabel. *Estratégias de leitura*. Porto Alegre: Artmed, 1996.

SOBRE OS AUTORES

Aline Evangelista Martins é mestre em educação literária pela Universidade Autônoma de Barcelona, na Espanha. Professora de literatura e língua portuguesa, oferece cursos sobre a formação do leitor literário e trabalha com capacitação de professores no Centro de Formação da Escola da Vila. Colabora na elaboração de materiais didáticos para o Ensino Fundamental e para o Ensino Médio e lê todos os livros da estante para sua filha.

Cibele Lopresti Costa é mestre em literatura e crítica literária pela PUC-SP e doutoranda em literatura portuguesa na USP. Colaborou na elaboração de livros didáticos, foi professora de língua portuguesa e literatura para adolescentes e atualmente ministra literatura no curso de pós-graduação da Escola da Vila. Atua na formação continuada de professores e desde quando leu *Alice no País das Maravilhas*, ainda pequena, não vive sem um livro por perto.

Péricles Cavalcanti é compositor, cantor, arranjador e instrumentista. Além dos discos de sua autoria — entre os quais estão *Canções*, de 1991, e *O rei da cultura*, de 2007 —, tem composições gravadas por Gal Costa, Caetano Veloso, Adriana Calcanhotto, Cássia Eller e Arnaldo Antunes. Compõe para teatro, cinema e televisão.

Zélia Cavalcanti se dedica à educação de crianças e à formação de professores. Como resultado de seu vínculo permanente com a Escola da Vila, vem participando, nas últimas décadas, de várias produções audiovisuais e editoriais que têm alunos e professores como destinatários.

FICHA TÉCNICA DO CD

Produzido por Péricles Cavalcanti
Gravado e mixado por Peregrino Rocha no Escritório do Som
Masterizado por Carlos Freitas no Classic Master

O cd é parte integrante do livro, não pode ser vendido separadamente. Todos os direitos reservados. Proibida a reprodução, execução pública e locação desautorizadas, sob as penas da lei.

Produzido no Polo Industrial de Manaus por Sonopress Rimo Indústria e Comércio Fonográfica S/A — Indústria Brasileira — CNPJ: 67.562.884/0004-91 — Av. Guaruba, 585, Distrito Industrial — CEP 69075-080 — Manaus — AM — Sob encomenda de Editora Schwarcz S. A. — CNPJ: 55.789.390/0001-12 — CM-1008.

❶ Nasce o Sol
3'29"
BR-PCT-10-00004
Música: Péricles Cavalcanti (direto)
Poema: Gregório de Matos (domínio público)

ARÍCIA MESS *voz*
TULIPA *voz*
JULIANA KEHL *voz*
PÉRICLES *voz, guitarra-base, baixo e programação eletrônica*
GUILHERME HELD *guitarras*
DÉCIO 7 *pandeiro, miniconga e reco-reco*

❷ Olhos verdes
3'03"
BR-PCT-10-00010
Música: Péricles Cavalcanti (direto)
Poema: Luís Vaz de Camões (domínio público)

PÉRICLES *voz, violão, guitarra, teclado e baixo*
LEO CAVALCANTI *voz*
GUILHERME HELD *guitarra*

❸ Nel mezzo del camin...
3'03"
BR-PCT-10-00007
Música: Péricles Cavalcanti (direto)
Poema: Olavo Bilac (domínio público)

LEO CAVALCANTI *vozes*
PÉRICLES *violão e teclado*
MARCELO MONTEIRO *sax soprano*

❹ I-Juca Pirama (IV)
3'34"
BR-PCT-10-00002
Música: Péricles Cavalcanti (direto)
Poema: Gonçalves Dias (domínio público)

ARÍCIA MESS *vozes*
PÉRICLES *baixo e programação eletrônica*
GILHERME HELD *guitarras*
MARCELO MONTEIRO *sax tenor*
DÉCIO 7 *caixa, pandeiro e chocalho*

❺ Tirana
3'20"
BR-PCT-10-00008
Música: Péricles Cavalcanti (direto)
Poema: Castro Alves (domínio público)

PÉRI *voz*
GABRIEL LEVY *sanfonas*
MARCELO MONTEIRO *flautas*
PÉRICLES *violão e assobio*
DÉCIO 7 *tamborim, reco-reco e baixelas*

❻ Lídia
3'26"
BR-PCT-10-00012
Música: Péricles Cavalcanti (direto)
Poema: Ricardo Reis (heterônimo de Fernando Pessoa) (domínio público)

PÉRICLES *voz, violão, guitarra, baixo e programação eletrônica*
FERNANDO CHAIB *bongô e pandeirola*

❼ Ismália
3'06"
BR-PCT-10-00005
Música: Péricles Cavalcanti (direto)
Poema: Alphonsus de Guimaraens (domínio público)

JULIANA KEHL *voz*
TATÁ AEROPLANO *voz*
ATÍLIO MARSIGLIA *violino*
MARCELO MONTEIRO *sax barítono*
PÉRICLES *violão e programação eletrônica*
DÉCIO 7 *surdo e pandeiro grave e MPC*

❽ Evadido
2'33"
BR-PCT-10-00011
Música: Péricles Cavalcanti (direto)
Poema: Fernando Pessoa (domínio público)

PÉRICLES *voz, teclado, baixo, programação eletrônica e chocalho*
GUILHERME HELD *guitarras*

❾ A valsa
4'45"
BR-PCT-10-00009
Música: Péricles Cavalcanti (direto)
Poema: Casimiro de Abreu (domínio público)

LEO CAVALCANTI *voz*
GABRIEL LEVY *sanfonas*
ATÍLIO MARSIGLIA *violinos*
PÉRICLES *violão elétrico*

❿ A ideia
2'32"
BR-PCT-10-00003
Música: Péricles Cavalcanti (direto)
Poema: Augusto dos Anjos (domínio público)

PÉRICLES *voz, teclado, baixo, programação eletrônica e vuvuzela*
ARÍCIA MESS *voz*
GUILHERME HELD *guitarras*
DÉCIO 7 *chocalho*

⑪ Círculo vicioso
3'43"
BR-PCT-10-00006
Música: Péricles Cavalcanti (direto)
Poema: Machado de Assis
(domínio público)

TULIPA *voz*
JULIANA KEHL *voz*
TATÁ AEROPLANO *voz*
LEO CAVALCANTI *voz*
PÉRICLES *voz na narração, violão, teclado, baixo e pragramação eletrônica*
FERNANDO CHAIB *derbak, lixa e serrote*

⑫ Mais luz
3'22"
BR-PCT-10-00001
(PARA JÚLIA MORITZ SCHWARCZ)
Música: Péricles Cavalcanti (direto)
Poema: Antero de Quental (domínio público)

PÉRICLES *voz, guitarra, gaita e baixo*
ATÍLIO MARSIGLIA *violinos*
DÉCIO 7 *percussão eletrônica (MPC)*

EXTRAS

⑬ Leituras I
3'52"
BR-PCT-10-00013

"Os lusíadas (canto I)", de Luís Vaz de Camões (domínio público)
JULIANA KEHL

"Suave mari magno", de Machado de Assis (domínio público)
MARCELO MONTEIRO

"Via Láctea", de Olavo Bilac (domínio público)
GABRIEL LEVY

"O que é — simpatia", de Casimiro de Abreu (domínio público)
DÉCIO 7

⑭ Leituras II
3'06"
BR-PCT-10-00014

"O morcego", de Augusto dos Anjos (domínio público)
PÉRICLES CAVALCANTI

"A D. Ângela", de Gregório de Matos (domínio público)
TATÁ AEROPLANO

"Autopsicografia", de Fernando Pessoa (domínio público)
ARÍCIA MESS

"No circo", de Antero de Quental (domínio público)
PÉRI

⑮ Leituras III
4'08"
BR-PCT-10-00015

"A catedral", de Alphonsus de Guimaraens (domínio público)
ATÍLIO MARSIGLIA

"Canção do exílio", de Gonçalves Dias (domínio público)
TULIPA

"Navio negreiro, tragédia no mar (VI)", de Castro Alves (domínio público)
LEO CAVALCANTI

duração total: 51'45"

Esta obra foi composta em Mercury Text G1 e impressa pela
Geográfica em ofsete sobre papel Paperfect da Suzano
Papel e Celulose para a Editora Schwarcz em agosto de 2015